丝绸之路

连通伊斯坦布尔和中国西安的历史之路

[德] 丽塔·亨斯 著
姚 月 译

重庆出版集团 重庆出版社

Copyright © 2019 Kunth Verlag GmbH & Co. KG, Munich, Germany
www.kunth-verlag.de
All rights reserved. No part of this book may be reproduced or transmitted in any form or by any means, electronic or mechanical, including recording, or by any information storage and retrieval system now or hereafter invented, without permission in writing of proprietor. The simplified Chinese translation rights arranged through Rightol Media（本书中文简体版权经由锐拓传媒取得 Email: copyright@rightol.com）

版贸核渝字（2020）第 170 号

图书在版编目（CIP）数据

丝绸之路：连通伊斯坦布尔和中国西安的历史之路 /（德）丽塔·亨斯著；姚月译 . — 重庆：重庆出版社，2023.7
 ISBN 978-7-229-16808-7

Ⅰ . ①丝… Ⅱ . ①丽… ②姚… Ⅲ . ①丝绸之路—历史—西安、伊斯坦布尔 Ⅳ . ① K928.6

中国版本图书馆 CIP 数据核字（2022）第 068718 号

丝绸之路：连通伊斯坦布尔和中国西安的历史之路
SICHOUZHILU：LIANTONG YISITANBUER HE ZHONGGUO XI'AN DE LISHIZHILU
[德]丽塔·亨斯 著　姚 月 译

选题策划：刘　嘉　李　子
责任编辑：李　子　陈劲杉
责任校对：朱彦谚
封面设计：冰糖珠子
版式设计：侯　建

重庆出版集团
重庆出版社　出版

重庆市南岸区南滨路 162 号 1 幢　邮政编码：400061　http://www.cqph.com
重庆天旭印务有限责任公司印刷
重庆出版集团图书发行有限公司发行
E-MAIL:fxchu@cqph.com　邮购电话：023-61520646
全国新华书店经销

开本：889mm×1 194mm　1/16　印张：24.25　字数：280 千
2023 年 7 月第 1 版　2023 年 7 月第 1 次印刷
ISBN 978-7-229-16808-7

定价：268.00 元

如有印装质量问题，请向本集团图书发行有限公司调换：023-61520678

版权所有　侵权必究

丝绸之路

丝绸之路

丝绸之路

丝绸之路

丝绸之路

丝绸之路

丝绸之路

丝绸之路

丝绸之路

丝绸之路

关于此书

古典时代，西方的罗马帝国与东方的中国就已经有了贸易往来。货物翻山越岭通过一张道路与泥路的网络进行运输。当时，丝绸是最主要、最珍贵和最受青睐的外贸商品。因此，1877 年，德国地理学家费迪南·冯·李希霍芬就以丝绸命名了这条世界上最古老和最著名的长途道路。

在一千多年的时间长河中，欧洲与亚洲通过丝绸之路这条古老的贸易通道彼此相连。不过，商路的意义远不局限于货物的贸易，更重要的是，沿着运输道路，地中海地区、中亚的各个国家与中国之间发展了紧密的文化交流。

在当时的罗马，丝绸犹如黄金一样昂贵，罗马人甚至认为丝绸是生长在树木上的，它们犹如细细的绒毛从树叶上被梳理下来。古代中国人则保守着丝绸制作工艺的秘密，以此确保自己的商业垄断地位。另一方面，也有中国人不知道的物品从西方运到了中国，例如香水、珍珠、葡萄、石榴、核桃、芝麻、香草，还有乳香粒。

沿着丝绸之路的旅行，它的起点是位于欧亚大陆交界的

伊斯坦布尔。然后，丝绸之路越过安纳托利亚，沿着命脉幼发拉底河继续前行，并穿过叙利亚、伊拉克和伊朗。富有传奇色彩的城市布哈拉如同一座海市蜃楼，它是丝绸之路上的一枚瑰宝，甚至在如今，它的老城区的街道上，仿佛依然能看见昔日的繁荣与富裕。

沿着丝绸之路越过沙漠与高山，来到中国的古都西安。

下图：15—17世纪的建筑遗迹让乌兹别克斯坦的撒马尔罕仿佛是来自过去的童话。尤其富丽堂皇的典型是一所拥有大量金色装饰的季里雅－卡利伊斯兰学校

目录

上图：在中国新疆维吾尔自治区，丝绸之路穿越昆仑山脉和天山山脉

前几页的图片说明

第2—3页
游客们在敦煌鸣沙山月牙泉景区中感觉自己就是从前的商人

第4—5页
在查士丁尼一世的领导下，一座巨大的有覆盖的蓄水池——地下水宫殿在伊斯坦布尔落成

第6—7页
在伊朗卡尚的奥高勃佐尔格清真寺中，严格的几何布局非常出色

第8—9页
在哈萨克斯坦东南部，深深的峡谷——恰伦大峡谷埋进岩石

第10—11页
位于土耳其阿达纳的萨班哲中央清真寺是该国最大的清真寺之一，可以同时容纳约28000人祈祷

丝绸之路 2
  丝绸之路的走向 4   丝绸之路主路和它的支路 6

丝绸之路的历史 8   马可·波罗 10
丝绸之路的经济和文化意义 12

丝绸之路西段 16

伊斯坦布尔 18
  伊斯坦布尔：圣索菲亚大教堂 24
  伊斯坦布尔：圣索菲亚大教堂的整体艺术性 28
  伊斯坦布尔：托普卡帕宫 30
  伊斯坦布尔：托普卡帕宫的统治者和后宫 34
  伊斯坦布尔：蓝色清真寺（苏丹艾哈迈德清真寺） 36
  伊斯兰教中的清真寺 38
  伊斯坦布尔：大巴扎和阿拉斯塔巴扎 40
  伊斯坦布尔：苏莱曼清真寺 42
  伊斯坦布尔：新清真寺（耶尼清真寺） 44
  伊斯坦布尔：费特希耶清真寺 46
  伊斯坦布尔：科拉教堂 48
伊兹尼克 50
布尔萨 52
  布尔萨：绿色清真寺和绿色陵墓 54   布尔萨：大清真寺 56
朱马勒克兹克小镇 58   屈塔希亚 60
阿菲永：弗里吉亚山谷 60
科尼亚 62
  科尼亚：梅乌拉那博物馆 64   科尼亚：德尔维希 68

目录

贝伊谢希尔：艾休雷夫鲁清真寺 70
加泰土丘 72　　梅克湖 74
托罗斯山脉 74　　阿达纳 76

丝绸之路西段：北线 78

卡帕多基亚 80
　　卡帕多基亚：仙女烟囱 82　　卡帕多基亚 84
　　卡帕多基亚：格雷梅 88
　　卡帕多基亚：乌奇希萨尔 88
　　卡帕多基亚：格雷梅国家公园的洞穴教堂 90
开塞利 92
锡瓦斯 96
　　锡瓦斯：双宣礼塔伊斯兰学校 98
迪夫里伊 100　　埃尔祖鲁姆 102
卡尔斯：阿尼古城 104
第比利斯 106
　　第比利斯：老城区 112　　第比利斯：教堂 114
姆茨赫塔古城 116　　大高加索山脉 118
格罗兹尼 120　　阿斯特拉罕 122
阿特劳 124　　卡拉库姆沙漠 126
克孜勒库姆沙漠 126　　库尼亚－乌尔根奇 128
阿亚兹·卡拉遗址 130　　克孜勒·卡拉遗址 130

伊钦卡拉内城（希瓦古城）132
　　伊钦卡拉内城：霍贾宣礼塔 134
　　伊钦卡拉内城：帕拉翁·马哈穆德陵墓 135
　　伊钦卡拉内城：卡尔塔小型尖塔 136
　　伊钦卡拉内城：阿明汗伊斯兰学校 138
　　伊钦卡拉内城：星期五清真寺 138
　　伊钦卡拉内城：塔石·浩利宫 140

丝绸之路西段：南线 142

西蒙修道院 144　　叙利亚北部古村落群 144
阿勒颇 146
　　阿勒颇：大清真寺 148　　阿勒颇：城塞 148
哈马 150　　赛德纳亚 150
大马士革 152
　　大马士革：倭马亚大清真寺 154
　　大马士革：赛义达·鲁卡亚清真寺 156
　　大马士革：哈米迪亚巴扎 158
　　大马士革：帕夏阿萨德驿站 158
巴尔米拉 160　　幼发拉底河 162
巴格达 164
　　巴格达：卡兹米耶清真寺 166
卡尔巴拉：伊玛目侯赛因圣陵 168
塔伊波斯坦 172　　比索通 172

3

目录

上图：三座15—17世纪的伊斯兰学校围绕着雷吉斯坦，也就是位于撒马尔罕的大广场，它们分别是乌鲁伯格、季里雅－卡利、谢尔多尔（图中建筑）

德黑兰 174
  德黑兰：大巴扎 178 德黑兰：戈勒斯坦宫 180
  德黑兰：伊朗国家博物馆 182
  德黑兰：革命纪念馆 182

库姆 184
  库姆：伊玛目哈桑·阿斯卡里清真寺 186
  库姆：法蒂玛·马苏玛圣陵 188

卡尚 192
  卡尚：奥高勃佐尔格清真寺 194 卡尚：巴扎 196

卡尚：苏丹埃米尔·艾哈迈德浴室 198
卡尚：布鲁杰迪宅院 200
卡尚：费恩花园 201

伊斯法罕 202
  伊斯法罕：伊玛目广场 204 伊斯法罕：伊玛目清真寺 206
  伊斯法罕：谢克洛弗拉清真寺 208
  伊斯法罕：阿里·卡普宫 210
  伊斯法罕：郝久古桥 212

卡维尔盐漠 214

马什哈德 218
  马什哈德：伊玛目礼萨圣陵 220

梅尔夫古城 224

丝绸之路中段 226

布哈拉 228
  布哈拉：雅克城堡 230
  布哈拉：喀龙清真寺和米尔阿拉伯伊斯兰学校 232
  布哈拉：阿卜杜勒·阿齐兹汗伊斯兰学校 234
  布哈拉：波洛·哈兹清真寺 234
  布哈拉：四塔伊斯兰学校 236
  布哈拉：斯托莱·默伊·克萨（埃米尔夏宫）238

撒马尔罕 240
  撒马尔罕：季里雅－卡利伊斯兰学校 242

目录

撒马尔罕：谢尔多尔（狮子）伊斯兰学校 246
撒马尔罕：乌鲁伯格伊斯兰学校 247
撒马尔罕：比比哈努姆清真寺 248
撒马尔罕：古尔埃米尔陵墓 250
帖木儿 252
撒马尔罕：夏伊辛达陵墓 254
浩罕 256
　　浩罕：胡达雅尔汗宫 258
费尔干纳盆地 260
丝绸 262　　奥什 264
帕米尔高原 266

丝绸之路中段：北线 268

塔什干 270
　　塔什干：哈兹拉提伊玛目建筑群 272
　　塔什干：圣母升天大教堂 272
　　塔什干：库尔克达什伊斯兰学校 273
　　塔什干：埃米尔·帖木儿博物馆 273
阿拉阿查国家公园 274　　阿拉木图 276
伊犁阿拉套国家公园 278
阿尔金埃梅尔国家公园 280　　恰伦大峡谷 282
赛里木湖 284　　天山 284　　乌鲁木齐 286

丝绸之路东段 288

喀什 290
　　喀什：巴扎 292　　喀什：阿巴和加麻札（墓）292
　　喀什：艾提尕尔清真寺 293
昆仑山 294　　塔什库尔干的短途旅行 296
塔克拉玛干沙漠 298　　克孜尔石窟 300
库车 302　　库车天山大峡谷 304
巴音布鲁克草原 308　　库尔勒 310
交河故城 312　　吐鲁番 314　　高昌故城 316
阿斯塔那古墓群 318
柏孜克里克千佛洞 320　　来自沙漠的葡萄酒 322
戈壁沙漠 324　　敦煌 326　　莫高窟 328
莎车 332　　嘉峪关 334　　张掖 336
张掖丹霞国家地质公园 338　　兰州 344
炳灵寺石窟 346　　武威 348　　天水 348
麦积山石窟 350
西安 352
　　西安：城墙和城门 354　　西安：大雁塔 356
　　西安：秦始皇陵 358

索引 362　　图片说明 363

丝绸之路

丝绸之路，仅仅这个世界上最古老商路的名字就足以让我们在心目中产生梦幻般的想象。在古典时代，这条道路上曾经有过满载货物的商队从中国出发，穿越波斯和美索不达米亚，然后到达地中海沿岸的各个国家。这些货物在骡、牛、马、牦牛或骆驼的背上走

完了几万公里。由于受大自然或政治形势的影响,人和动物往往每年必须寻找新的路线。于是,一张有关丝绸之路复杂多变的道路图在历史长河中逐渐形成。

下图:大包的丝绸和其他珍宝从东方运往西方。为了应对漫长的沙漠道路,丝绸之路沿途建起许多商队驿站

丝绸之路的走向

　　第一支"丝绸商队"据说是在公元前 100 年前后去到西方。从当时中国的首都长安即现在的西安，商人们带领着几百头用来驮物的动物向地中海方向出发。这是一条唯有经验丰富的向导才能辨别方向的荒凉道路，它受到大面积的沙漠例如世界第二大沙漠——塔克拉玛干沙漠（在二月和六月之间，每周至少发生一次"黑沙暴"，天空瞬间变黑）以及人烟稀少的大草原和世界上极高的山脉——天山山脉、昆仑山脉、帕米尔高原、喀喇昆仑山脉的影响，而这些山脉都有高达六七千甚至八千米的山峰。那里只有很少的、大多数时候结着冰的山口能让人和动物通行，路途十分艰难。

　　对旅行者来说，他们一路上不仅要克服地形造成的高达 80℃的温差挑战，还要防止内乱的发生和遭遇的拦路抢劫，因此，直到满载货物的商队抵达目的地，就不只是几星期或几个月的事，有时甚至需要长达几年的时间。出于对这些因素的考虑，许多商人仅仅利用丝绸之路的部分路段，他们在途中将自己的货物与其他商人进行交换。这些中转站大多建立在河畔、谷地和绿洲，而且大多数已经是稳定下来的统治者的权力所在地。这些地方后来发展成为富丽堂皇的城市，例如撒马尔罕和布哈拉。

　　由于受到气候、动乱或战争的影响，商队必须不断寻找新的路线。于是，随着时间的推移，从第一条有记载的亚洲与欧洲之间的商路发展成了一个道路体系。它的"一些路线"之间经常是平行的，也会有交叉和支路。因而对历史上的这条或者说这些丝绸之路的长度和路线，如今会有不同的记载。它（它们）所经过的地区中有波斯高原和现在的印度、巴基斯坦、阿富汗、伊拉克和叙利亚的国土。这些洲际贸易路线还经过如今的吉尔吉斯斯坦、乌兹别克斯坦、塔吉克

上图：帕米尔在当地语言中是"荒凉的干草原"的意思。事实上，在这座一部分位于塔吉克斯坦的山脉风景中，你的确看不见树木，但它依然美丽壮观。这里有一些非常深的谷地，它的两侧是高耸的冰川山峰。很难想象，为克服帕米尔高原的障碍，昔日的商人们推着他们的手推车必须承受怎样的艰辛

下图：意大利制图师斯蒂法诺·邦西诺里（卒于1589年）绘制的伏尔加河三角洲丝绸之路详图

斯坦和哈萨克斯坦。

最早的几条由东向西的道路的主要终点，是当时已经归属罗马帝国的安条克（今位于土耳其、叙利亚边境的安塔基亚），然后从那里经海路前往威尼斯和热那亚。但也有一些紧俏商品从东方经过拜占庭和君士坦丁堡，也就是现在的伊斯坦布尔，到达意大利半岛。这些稀奇的货物和它们的陪同者走完了长达一万公里的旅程。

早在公元前430年左右，希腊地理学家和历史学家希罗多德就已经探索了丝绸之路的西段，而东段是在公元前2世纪，由汉武帝的使者张骞进行了开拓。当时他受到皇帝的委派，西行进入过中亚的费尔干纳盆地。这条丝绸之路，如果算上所有的支路和岔道，那么你将得到一个十四万公里的总长，相当于地球周长的三倍多！

丝绸之路 5

丝绸之路主路和它的支路

　　两座著名的城市构成了丝绸之路交织网络中最长路段的两端：东方的长安（今西安），即汉朝和唐朝的都城；西方的拜占庭，即后来的君士坦丁堡和现在的伊斯坦布尔。洲际连接线从中国中部平原开始，首先穿过现在兰州市附近肥沃的河西走廊（位于甘肃省），直到"玉门"。通过了被称为玉门关的关口之后，这条路线在敦煌以西约 1100 米高的山道口分开，目的是分别沿塔里木盆地的南北边缘继续向前。塔里木盆地约有 40 万平方公里，位于巍然的天山山脉和昆仑山脉之间，辽阔的塔克拉玛干沙漠亦隐藏其中。两条路线在喀什又会合在一起。

　　这条路线在帕米尔高原的边缘经过浩罕前往撒马尔罕和布哈拉，直到进入如今属于土库曼斯坦的古波斯绿洲城市梅尔夫。在伊朗国土之上，商队穿过聚居地马什哈德、内沙布尔和德黑兰。在经过了比索通之后，这条路线继续通往 400 公里以外的巴格达，并从那里经过巴尔米拉北上，方向是当时罗马帝国叙利亚省的阿勒颇。而此刻，离目的地拜占庭还有 1000 公里。中间设有站点，例如阿达纳、科尼亚、阿菲永（卡拉希萨尔）、屈塔希亚和比莱吉克。

　　丝绸之路的许许多多分支和岔道通往四面八方。从长安开始就已经存在一条绕塔里木盆地东北方向的支线：取代穿过敦煌和库尔勒前往库车，还有另外一种可能性，那就是走一条从安西（今瓜州）穿越吐鲁番盆地的路线。在天山山脉北麓的庭州和塔什干也有前往阿夫拉西阿卜（撒马尔罕）的可能性。商队可以从如今被列入联合国教科文组织《世界遗产名录》的古城撒马尔罕，横穿克孜勒库姆沙漠，然后前往里海，或者沿着阿姆河谷地穿越卡拉库姆沙漠，一直向前进入绿洲城市希瓦。一条丝绸之路的南线则从梅尔夫古

上图：天鹅湖所在的巴音布鲁克草原一望无际

城开始，前往印度。

丝绸之路在巴尔米拉同样进行了分道，其中一条支路经过大马士革和古老的港口城市加沙，直到开罗。还有一些不同的商路经过现在的土耳其领土，其中有一条"波斯御道"，在其周边的聚居地之一是现在的土耳其首都安卡拉（原名安基拉），然后向南约300公里，贸易商人经过卡帕多基亚有凝灰岩地貌景观的开塞利。

丝绸之路的历史

"丝绸之路是用来进行丝绸交易的一些道路。"德国地理学家费迪南·冯·李希霍芬（1833—1905年）从1877年起发表了关于中国的五卷书，而这句话就是第一卷中的一句。他给出了今天东西方之间的古老商路网的名字"丝绸之路"。当然，在古希腊和古罗马时代已经有了对这些历史悠久的长途道路的描述。考古发现证明，早在公元前7世纪，在黄河流域和印度河流域之间，直到幼发拉底河、底格里斯河以及尼罗河流域，都有不规律的贸易路线被使用。

然而，中国、中亚以及西亚各国、非洲与欧洲大陆之间的大规模贸易往来，则是在公元前2世纪才发展起来的。因为当时出现了一个至关重要的政治前提，那就是在汉朝皇帝领导下的中国希望向西探索。第一步是在公元前138年，汉武帝意图联合在他的帝国西北方向的西域三十六国，以达到共同抵御敌对的匈奴游牧民族的目的。汉武帝将这一使命交给了他的使臣张骞，但是这位长安的使者不久就被匈奴人俘虏。

当张骞在十多年之后终于回到皇宫的时候，他向汉武帝汇报了西部地区活跃的贸易，这引起了汉武帝的兴趣和重视。在两次大规模的出征之后，汉武帝最终征服了费尔干纳山谷和帕米尔地区。此后不久，载着各种各样货物的商队从帝都向着西域越走越远。

一份关于从罗马有一支使团于166年通过丝绸之路——这条洲际运输通道抵达了帝都长安的记载，证实了丝绸之路很早就有了频繁的反向活动。但是，丝绸之路上越来越繁忙的"交通"和贸易也带来了安全隐患，因为这些珍贵货物不断地唤醒土匪的欲望，所以汉朝为他们的商队配备了专门的护驾。即便如此，后来在丝绸之路和它的支路上的旅行依然危机四伏，这一点被一位姓龚的长者记录下来。这位中国僧人以法显之名而闻名于世，他于4世纪末从今天的陕西省出发，去探究他的佛教信仰的起源。法显写道："唯一的路标是尸骨。它们所在的地方，将路线指向印度。"

但是，直到7世纪，战争明显阻碍了丝绸之路上的贸易。不过，丝绸之路在唐朝又得以重新绽放。而从907年的五代十国起，道路网络又开始变得不那么安全，因此货物流通也逐渐减少。在蒙古人的统治下，丝绸之路经历了它最后一次的高潮。随着通往印度、东南亚和东亚的海路的发现，16世纪初，这条洲际的陆路运输线终于失去了它的经济意义。

左下图：撒马尔罕的雷吉斯坦广场附近的丝绸之路纪念雕塑

下图：费尔干纳马很受青睐，中国人尤其看重它们，将它们用作通行道路的动力

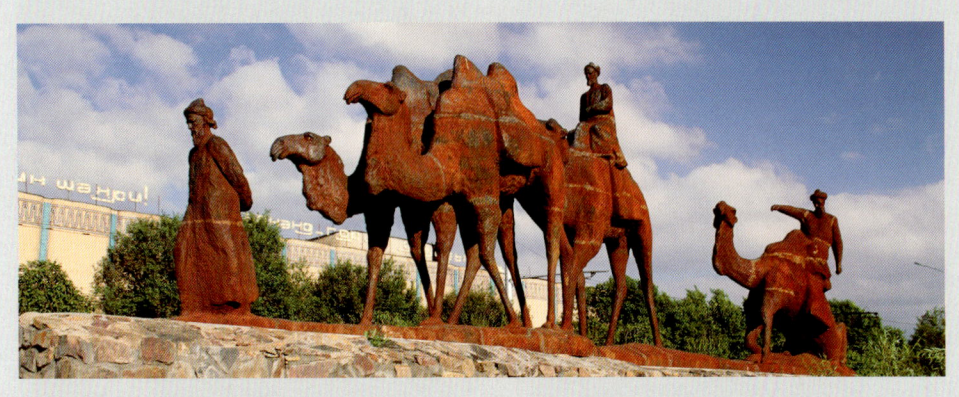

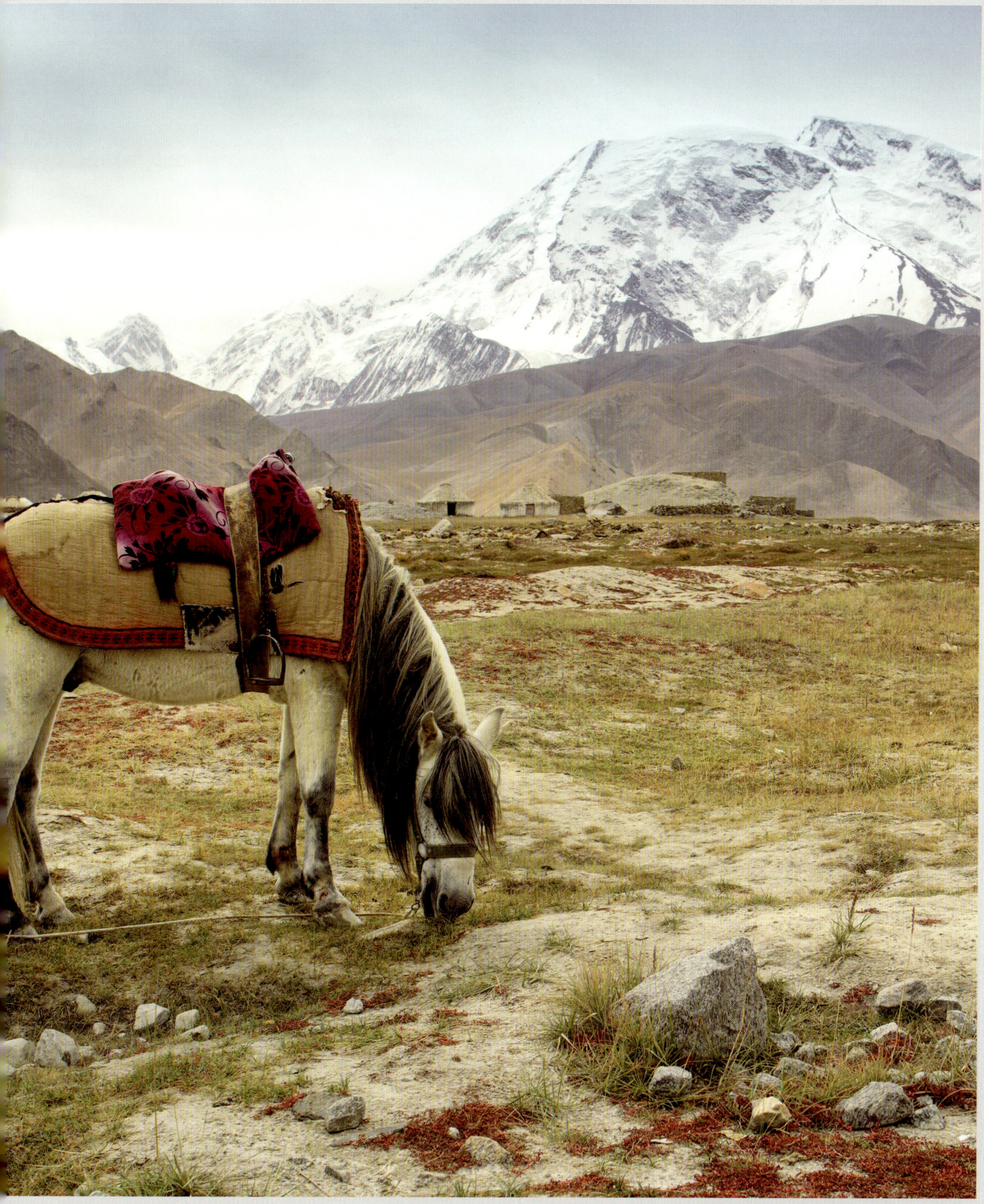

马可·波罗

当马可·波罗（约 1254—1324 年）在 24 年之后回到威尼斯，他的亲属都认不出他了。他的容貌变了，他的服饰显得奇异，他的母语充满陌生的表达方式。但他叙述的事情却突然引起了大家的注意。《马可·波罗游记》的序是这样开始的："尊贵的皇帝陛下、国王陛下、公爵、亲王、伯爵、骑士和所有的人，如果你们有愿望想要了解人类的不同种族和不同国家的情况……在世界的东方，请读这本书。"

1271 年，当时只有 17 岁的马可·波罗启程去中国，在长达三年半的时间里，他沿着诸多丝绸之路的支路横穿亚洲，最后到达了坐落在现在的北京附近的蒙古皇帝忽必烈的宫殿。他受惠于大汗，在那里生活了 20 年，游遍了整个帝国。尽管当时人们对这个威尼斯商人儿子回忆的真实性持怀疑态度，但直到他去世都发誓说，他所讲述的内容还不足以描述所发生的事情的一半。

左图：马可·波罗从威尼斯出发，取自15世纪末出版的图册

左下图：马可·波罗在他的《马可·波罗游记》中描述了他与蒙古皇帝忽必烈的相遇。此书于1410年以插图版的形式用法语出版

右下图：一幅18世纪的画，画中人物是马可·波罗

丝绸之路 11

丝绸之路的经济和文化意义

　　丝绸之路上的货物中转给亚洲许多城市带来了可观的财富，甚至在萨珊王朝打破了中国丝绸生产的垄断之后，依然如此。这些世界上最古老的贸易道路不仅仅使其周边的国家在财政上得到了利益，而且丝绸之路作为一座桥梁也将中国、印度、美索不达米亚、埃及、希腊和罗马帝国的古代文明相互连接。通过洲际道路网络，科学与技术的交流得到加强，文化习俗和宗教信仰得到传播。正是因为丝绸之路在跨文化交流中具有的深远意义，2014 年，联合国教科文组织将其主要路线列入了《世界遗产名录》。

　　在远古时代，沿着丝绸之路旅行的除了商人，还有一些其他人员，特别是官员、外交官、军官，甚至还有僧人。法显是 4 世纪末僧人中第一个通过古老的贸易路线网到达印度的人。他回来时，行囊中装着重要的佛经。然而，从 87 年起，在如今的新疆维吾尔自治区就已经存在过一个佛教王国——于阗王国，佛教信仰从那里沿着丝绸之路的北线和南线传播到了中原地区。而伊斯兰教、摩尼教、琐罗亚斯德教和聂斯托利派的基督教（景教），也同样通过丝绸之路传播到了中国。对于最后一点的证明之一，是一块 781 年在唐朝帝都长安竖立的石碑——《大秦景教流行中国碑》（自汉朝起，中国人称罗马帝国为大秦）。

　　早期的中国希望通过观察西方来获得对世界的全面了解。因为人们知道，除太平洋上的一些岛屿，包括日本国之外，东面只有无边无际的海洋。与之相反，在西部地区和更远的地方，人们通过丝绸之路上商人们的信息交流和自己的一些探险之旅，发现那里有不同的种族，甚至还有一些国家，它们的艺术珍品很有趣，商品也奇特异常。于是，在汉朝有目的性地扩建丝绸之路之后，玻璃从西方传到了中国，与此同时，

上图：人和动物必须在贸易道路上走完艰难的路程，比如通过恰伦大峡谷

东方帝国不仅做着丝绸、漆器、玉器、铁和盐的贸易，而且还出口了他们有关造纸工艺和印刷技术的知识。

最晚是在进入了唐朝时期之后，葡萄、无花果、石榴、杏仁和核桃也从相反方向通过丝绸之路开始进行交易。同时，时尚和艺术理念也随着商品的流通从西方进入了东方。例如，在长安的宫殿里，人们喜欢波斯银器，还常常模仿波斯艺术家的作品。他们把卷须图案和狩猎图案运用在陶瓷上。

然而在8世纪，中国失去了对西部地区的统治，随着人们对一切外国事物的热情逐渐下降，通过丝绸之路涌向东方的珍奇商品自然也开始大幅度减少。由于宋朝的灭亡——在那个朝代里，中国在贸易、生产和技术方面是最先进的，1020年，那里已流通了最早期的纸币；人们在海上使用指南针，并且生产火药——从汉朝到唐朝所积极提倡的对外国文化的开放政策几乎彻底终止。

丝绸之路 13

丝绸之路的经济和文化意义

成吉思汗和他的继承者们所领导的蒙古西征给欧洲与亚洲的接触，带来了一个新的转折。中世纪中期，英诺森四世时期，基督徒向东方派出了几位神职人员，进行外交出访。在 1245 年，翁布里亚方济各会的牧师柏郎嘉宾，从里昂直接出发，穿越丝绸之路直达蒙古人在鄂尔浑河谷的营地。

同年，多米尼加人安德烈·德·龙如美作为罗马教皇公使团的团长，前往蒙古可汗的皇宫。龙如美在经过了阿卡、安条克和阿勒颇之后，到达了美索不达米亚，并在大不里士附近，尼尼微-摩苏尔以东 17 天路程的地方遇到了蒙古军队。直到 1247 年的春天，龙如美才从波斯回到里昂。

1253 年，鲁不鲁乞选择了与他的宗教兄弟柏郎嘉宾部分相同的路线。这位弗拉芒人的出行，不仅是受法国路易九世和教皇的委派，也是受拉丁帝国最后一位在位皇帝鲍德温二世的委托，拉丁帝国是当时一个建立在拜占庭帝国领土之上的君士坦丁堡的帝国。鲁不鲁乞在蒙古都城哈拉和林滞留了六个月之久。

1260 年，尼科洛·波罗和马泰奥·波罗兄弟两人启程去亚洲，他们是后来闻名于世的马可·波罗的父亲和叔叔。他们在伏尔加河畔，成吉思汗的孙子别儿哥汗的驻地附近居住了大约一年时间。当时那里处于战争的混乱局面，因此他们不断继续向东旅行，并沿着丝绸之路到了布哈拉。后来，他们又从那里与一个波斯公使团一同前往忽必烈在元大都（今北京）的皇宫。

14 世纪时，中国发生了一系列新旧政权的交替，西方国家也同样，但是最主要的原因是瓦斯科·达·伽马发现了从欧洲到印度的海路，所以最终导致丝绸之路走向没落。

如今，这条古老的贸易路线再一次绽放光彩，而且不仅仅是作为旅游胜地。中国希望以"一带一路"倡议使得丝绸之路通过长途和快速公路、高速列车，重新成为一条欧洲与亚洲之间关键性的贸易纽带，首批路线已在建设之中。

下图：货品必须跨越西域三十六国的地域，而他们又各自征收关税，这也解释了丝绸价格何以如此昂贵。真丝地毯至今仍是贵重商品

丝绸之路西段

拜占庭，后来的君士坦丁堡和今天的伊斯坦布尔，它是从东方而来的丝绸商队的最后一站。此后，他们的珍贵货物继续通过罗马陆上道路或轮船，被运往意大利半岛。而在到达拜占庭之前，牲口和商人们已经通过不同的路线，穿越了小亚细亚半岛和辽阔的托罗

斯山脉。他们的线路经过拥有许多湖泊和低平火山口的火山风光，跨越一些草原和河谷，与古老的城市如塔尔苏斯、阿菲永、屈塔希亚以及今天人们依然能想象出它曾经辉煌的塞尔柱王朝帝都科尼亚擦肩而过。

下图：五六月，迪纳尔和阿菲永之间的美景

伊斯坦布尔

仅凭它极佳的地理位置就已经成为世界上最迷人的城市之一。伊斯坦布尔紧靠博斯普鲁斯海峡，建立在欧亚大陆交界的七座山丘之上，是地处东西方之间历史悠久的大都市，非常值得一看。这座有三个名字——拜占庭、君士坦丁堡、伊斯坦布尔的城市同时代表着两个帝国的遗产，而这两个帝国决定了地中海地区将近两千年的命运：东罗马帝国或更确切地说是拜占庭帝国以及它的继承者奥斯曼帝国。

从 330 年到 1930 年，在这 1600 年的时间里，伊斯坦布尔的名字是君士坦丁堡。这个大都市作为君士坦丁大帝（约 280—337 年）建立拜占庭帝国之后的首都，经历了自己的鼎盛时期。

两幅左图和下图：这座在战争中遭受了严重破坏的城市，从324年11月的一份形式上的文件开始，直到君士坦丁大帝于330年5月11日在一场正式的"授职典礼"上完成接管之后，犹如获得了新生，它以自己的奠基者命名，称为"君士坦丁堡"。今天，伊斯坦布尔金光闪烁，展现出大都市所具有的辉煌

丝绸之路西段 19

伊斯坦布尔：圣索菲亚大教堂

伊斯坦布尔最著名的建筑当然是东罗马帝国时期的古迹——雄伟的圣索菲亚大教堂。它于532年到537年间在查士丁尼一世领导下，建造在君士坦丁大帝曾经于360年供奉的巴西利卡（一种建筑形式）的废墟之上。它象征着拜占庭帝国辉煌发展的顶点。仅费时5年10个月就完成的"神圣智慧"（"圣索菲亚大教堂"）是东罗马帝国在900多年中的重要教堂。

在1453年奥斯曼人征服了君士坦丁堡之后，圣索菲亚大教堂被改造成清真寺，马赛克被灰泥覆盖，新增了一些其他设施，其中包括四座宣礼塔。这座如今已是博物馆的建筑中最宏伟的部分是55米高的圆顶，其东西两面各有一些较小的半圆顶围绕。

左图和下图:在一千年左右的时间里,直到罗马的圣彼得大教堂落成,圣索菲亚大教堂一直是基督教的最大教堂。由四根柱子支撑的中心圆顶通过40扇窗的巧妙排列,给人带来"悬浮"的感觉

伊斯坦布尔：圣索菲亚大教堂

下图：圣索菲亚大教堂于 537 年建成，1934 年起成为博物馆

伊斯坦布尔：圣索菲亚大教堂的整体艺术性

查士丁尼一世有两名建筑师，他们是特拉勒斯的安提莫斯和米利都的伊西多尔。他们将各种几何体出神入化地运用到建筑之中：他们结合罗马的万神殿和早期基督教巴西利卡的形状概念，用正方形和圆、立方体以及球体创建了中心结构。

历史学家普罗科匹厄斯（约500—约562年）的一句话证明了这座537年建成的教堂给当时的人们怎样壮观的印象，它又有多么"美丽得无法用语言描述"。他说："大量的艺术与和谐装饰了它，不多不少，但它比平常的更夸张，比无度的更节制……"他对它的圆顶的记录更让人印象深刻：它似乎"不是架在一个坚固的结构之上，而是被金链悬挂并下垂和覆盖了整个空间"。

不过教堂建成的初期，圆顶的结构出现了问题：它没能经受住发生在558年5月7日的地震。于是，

人们加固了柱子并把顶点抬高了六米。然后,在查士丁尼一世统治期间内的563年12月24日,人们能够再一次供奉它。查士丁尼一世于两年后去世。

左图和两幅下图:圣索菲亚大教堂曾经是东罗马皇帝的加冕教堂,主导它的是一个直径32米、顶高约56米的主圆顶。托起这个圆顶的是主轴上的两个半圆顶和它们各自内嵌的三个半圆顶,在南北两侧各有双层的拱顶系列作辅助

丝绸之路西段 29

伊斯坦布尔：托普卡帕宫

古老的城区是一个被金角湾和马尔马拉海的潮水冲洗的半岛，它的东端插入博斯普鲁斯海峡，而在岛上最美丽的地方耸立着一座宏大的宫殿：奥斯曼帝国的苏丹们曾经在此居住了四百年左右，如今它是一家博物馆并供人参观。这是由穆罕默德二世（1432—1481年）委托建造的。

1453年，穆罕默德二世征服了君士坦丁堡，从此开启了东罗马帝国无可挽回的灭亡进程。苏丹在征服了君士坦丁堡之后不久，就下令在现在的大学附近建造第一座住宅宫殿；然后他才选择了最高点，来建造只考虑作为行政官邸的第二座宫殿，不过希腊移民早在公元前660年就在此创建了古卫城。后来，这第

二座宫殿被扩建成托普卡帕宫。

左图：托普卡帕宫的字面意思是"加农炮宫殿"，占地约0.7平方公里。这座宫殿现在的名字，当归功于原先在这个半岛尖端上的炮兵阵地。托普卡珀宫内部诸多的房间是根据不同的住客和使用要求来装饰镶嵌釉瓷和马赛克的

下图：带有后宫的王储的宫室

伊斯坦布尔：托普卡帕宫

32　丝绸之路　连通伊斯坦布尔和中国西安的历史之路

自 1541 年起,所有奥斯曼帝国的苏丹都居住在托普卡帕宫。

左下图:穆拉德四世的巴格达阁
右下图:艾哈迈德三世的图书馆

伊斯坦布尔：托普卡帕宫的统治者和后宫

1453年，穆罕默德二世（1432—1481年）征服了衰弱的拜占庭帝国的首都和最后的堡垒——君士坦丁堡，然后将城市名字改为伊斯坦布尔，并将其设定为奥斯曼帝国的首都。从北非到中东和安纳托利亚，再到欧洲的东南部，这些地区后来逐渐臣服于奥斯曼土耳其人的统治王朝。与此相符，苏丹们的宫殿也非常宏伟壮观，千姿百态。今天，伊斯坦布尔的托普卡帕宫已经成为伊斯兰世界最主要的博物馆之一。

在长达四个多世纪的时间里，这座皇宫是政府的所在地，也是行政中心和苏丹们的主要居所，并且它被不断扩建。17世纪中叶，在奥斯曼帝国的权力达到顶峰之际，托普卡帕宫发展成为一座能容纳四万居民的皇城。

在一个被隔离的"禁区"——拥有自己的清真寺、医疗中心、厨房和几百间装饰华丽的房间——居住着苏丹的女人们。宦官们以自己的生命担保，除了苏丹本人，任何男人不得进入后宫。苏丹的母亲通常在后宫中享有最高权位，她有自己的随从，因此她生活得如同一位女王，而且她还拥有对后妃们的处置权。

左图：后宫的中心是国王的宴会厅

右下图：诞下王子的女人们会想方设法尽快地取代苏丹母亲的地位。后宫的社会形式激发起欧洲画家的想象力，例如这幅《后宫中的妇人们》（1720年），作者是让·巴普蒂斯特·梵莫

丝绸之路西段 35

伊斯坦布尔：蓝色清真寺（苏丹艾哈迈德清真寺）

第一位未成年就登基的奥斯曼帝国苏丹艾哈迈德一世（约1589—1617年）想要建造一座以他自己的名字命名的清真寺，以此为自己竖立一座纪念碑。它应该比坐落在东北方向不远处的圣索菲亚大教堂更大、更漂亮。为了表达他自己雄心勃勃的志向，这座纪念碑必须拥有用金制成的宣礼塔。

于是，苏丹选择了赛马场的东南侧作为施工工地，并把这项工程交给宫廷建筑师迈赫迈特·塔希尔·阿加。阿加是杰出的奥斯曼帝国建筑师科查·米马尔·希南的学生。然而，想建造金的宣礼塔，必定会让这座在1609—1616年间建造的清真寺建筑费用预算爆炸，因此，艾哈迈德的建筑师情愿"听错"，他将土耳其语的"altın"（金）理解为"altı"（六）。于是，他比原计划多建造了两座宣礼塔（用石质材料建造）。

左图和下图：自圣索菲亚大教堂世俗化之后，伊斯坦布尔的蓝色清真寺成为主清真寺。非穆斯林在礼拜时间里不得入内。蓝色清真寺的主圆顶直径23.5米，顶点高度43米。不过，艾哈迈德一世却未能长时间享受他自己的清真寺，因为他于1617年，也就是竣工后的那一年去世了

丝绸之路西段　37

伊斯兰教中的清真寺

　　清真寺首先从词意上解释是代表礼拜时"拜倒"的地方。所有清真寺的设计与建造都以麦地那的先知寺为典范，也就是说，清真寺必须包括一个大的有围墙、部分有覆盖的院子，院子的四周有一些房间。清真寺既应该是社会生活的场所，同时也必须能为教育所用，因此，除了提供礼拜的空间之外，属于它的还应该有学校和其他社会设施。

　　在伊斯兰教中，礼拜对祈祷者和地面都有礼仪上的清洗要求，这也是进入清真寺之前人们必须脱鞋的原因。在清真寺的内部，对于礼拜的方向也有特定的要求，即必须向着麦加，向着代表伊斯兰教中央圣所的克尔白，这个方向通过祈祷凹壁（米哈拉布）显示；讲经则在讲台（敏拜尔）上进行。

　　穆斯林信徒每天必须完成五次礼拜——晨礼、晌礼、晡礼、昏礼和宵礼。当然，这必须完成的五次礼拜，对清真寺的游客并无强制性的规定，其中星期五礼拜（主

麻日）则是必须完成的。

左图和下图："谁以安拉的意愿造一座清真寺，安拉将在天堂为他造一栋房子"，这是一条不仅仅在蓝色清真寺的建造者苏丹艾哈迈德一世的耳边诱惑地响起的圣训。260多扇镶嵌彩色玻璃的窗户（17世纪原始玻璃的复制品）让充足的光线涌入清真寺内

丝绸之路西段 39

伊斯坦布尔：大巴扎和阿拉斯塔巴扎

如果人们在伊斯坦布尔提到"巴扎"（集市），指的首先是伊斯坦布尔的"卡巴里恰西"，即大的（或词面意思"有覆盖的"）巴扎。这个东方最大的集市本身已经形成了一座城市，但它也是一个当地人"宁愿绕开"的旅游胜地，比如诺贝尔文学奖得主奥尔罕·帕慕克。而另外一些人绝不会错过去看一眼的机会：热闹非凡的集市生活被一座拥有22扇门的高墙围住。巴扎占地面积30多万平方米，其中半暗半明的61条街道大多有顶棚。

相比之下，在蓝色清真寺阴影中的阿拉斯塔巴扎却有完全不同的气氛：人们可以喝着一杯茶，悠闲地欣赏不太喧哗的集市生活。这是一个在1980年代，

将过去的马厩装修后改建成为商铺的巴扎。

下图：传统上，每种商品在大巴扎中都有为其固定保留的街道。在这个城市的商业中心，有4400家左右的商铺和将近2200个工作室等待着客户。这个巴扎由穆罕默德二世下令于1461年建造起来的一个小室内市场发展而成

左图：阿拉斯塔巴扎的商铺租金用于维护苏丹艾哈迈德清真寺

丝绸之路西段

伊斯坦布尔：苏莱曼清真寺

从远处，人们一眼就能看见雄伟地坐落在金角湾上方和在第三座老城区山丘上的苏丹苏莱曼清真寺。居高的地理位置充分体现出它的捐赠者的自信，而它的建造期 1550—1557 年，也正是苏丹苏莱曼权力的鼎盛时期。但不仅是他，还有他的那位被誉为"石头的诗人"的建筑师希南，同样通过这栋建筑的设计为自己竖立了一座纪念碑：希南为了满足他的客户的高要求——这座清真寺必须"永远耸立，只要世界存在"，于是，他将这栋建筑造在了一个抗地震的地基之上。这座清真寺的主圆顶是伊斯坦布尔的第二大圆顶，仅次于圣索菲亚大教堂，而巨大的苏莱曼清真寺作为一个建筑总体，则是该城市的同类建筑中最大的。

左图和两幅下图：尽管希南"仅仅"把它看作是自己的"满师作业"，但是为了建设这座被认为是奥斯曼帝国神圣建筑的完美典范的建筑，参与施工的工人和工匠有3000多人。高54米，直径27.5米的主圆顶（见左图）稳稳地落在4根巨大的柱子上，它由两个半圆拱组合而成

丝绸之路西段

伊斯坦布尔：新清真寺（耶尼清真寺）

与城市中的其他清真寺不同，这座清真寺并不显露在山丘之上，而是在金角湾加拉塔大桥南端的附近。促成这项于1597年破土动工的工程的是一位女士，她是穆罕默德三世（1566—1603年）的母亲萨菲耶苏丹。自她的儿子于1595年即位之后，她掌握着后宫所有的权力。不过苏丹去世之后，新清真寺的工程变得断断续续。

1660年，完成了一半的工程又被一场大火烧毁。今天的清真寺结构仅花了三年时间于1663年竣工。当然，这同样归功于一位女士——杜亨·哈提婕苏丹，她是穆罕默德四世（1642—1693年）的母亲。从清真寺内有一条有顶的走廊通往一座小宫殿——鸿卡庭院，该庭院修复后于2010年重新对参观者开放。

两幅左图：皇家建筑师穆斯塔法·阿加受托于杜亨·哈提婕苏丹，将新清真寺的内外设计得近乎"经典"：紧靠36米高的主圆顶的侧圆顶呈阶梯式向下，有两座宣礼塔在其旁边

下图：清真寺中铺设的釉瓷砖，来自一些著名的伊兹尼克的作坊，巨大的窗户让充足的日光射入礼拜堂

丝绸之路西段

伊斯坦布尔：费特希耶清真寺

从圣乔治主教堂朝西步行几分钟，你就能发现在第五座城市山丘的北坡上，那座当年的修道院教堂帕玛卡里斯托斯，它在曾经主要由法纳尔人（富裕和有影响力的伊斯坦布尔的希腊人）居住的法纳尔聚居地的中心。

1453年，城市被奥斯曼人征服。又过了一百多年，这座教堂被穆拉德三世（1546—1595年）改建成清真寺。穆拉德三世将清真寺命名为"费特希耶"。

两幅左图和下图：1315 年在收到了宗教捐献之后倚靠它的南墙而建的葬礼礼拜堂已经被改建成博物馆。供游客参观的是一座拜占庭式建筑瑰宝，它的结构是一座小的十字形圆顶教堂，有向前凸出的走廊（前厅）和绚丽多彩的马赛克装饰

丝绸之路西段

伊斯坦布尔：科拉教堂

在几个世纪的时间里，老城区不断向西扩展。两个较大的族群迁徙到新形成的城区定居，他们是法纳尔的希腊人和巴拉特的犹太人。为了保护不断扩大的城市边界，城墙也被不断地新筑。

在君士坦丁大帝统治期形成的城墙之外的第六座山丘上，527—575年之间新建的科拉教堂就是证明这一点的例子。最初科拉教堂只是被建造在荒"地"（希腊语是"科拉"）之上，这也解释了教堂的名字来源。后来，它才被狄奥多西皇帝建造的新城墙所包围。苏丹巴耶塞特二世（约1447—1512年）将科拉教堂改建为清真寺。1948年，它再次被修葺一新，并成为今天的一座博物馆（卡里耶博物馆）。

左图和三幅下图：距狄奥多西城墙不远处，可以参观的这座砖砌的教堂有一个主圆顶和五个较小的侧圆顶，它初建于11世纪末，后来又几经改动。享誉世界的是无名大师们制作的教堂内部和侧殿——葬礼礼拜堂中的马赛克和壁画

丝绸之路西段 49

伊兹尼克

伊兹尼克，即古典时代位于弗里吉亚的尼西亚，也是第一次大公会议举行的地方，现在还几乎完整地保留着3世纪时的城墙。一座罗马式的剧院同样证实了这座城市的悠久历史。特别值得一看的是建于1391年的耶西尔清真寺，即"绿色清真寺"，它拥有一座气势雄伟的大门和一座美丽的宣礼塔。现在，清真寺内被作为一家博物馆使用。

这座城市因清真寺的面砖和瓷砖——大多数为蓝色——而名扬全国，甚至在城市中还有一家专门介绍面砖和瓷砖的制作工艺以及展出考古发现和大量陶瓷艺术收藏的博物馆。787年，第七次大公会议在城市中最古老的圣索菲亚大教堂中举行，该教堂的历史可以追溯到6世纪。至今保存完好的是14世纪中叶建造的尼鲁弗·哈顿穷人厨房。

两幅左图和下图：供奉苏菲派哲学家塞伊·库特伯丁（约卒于1418年）的清真寺在古城墙的耶尼谢希尔大门附近（见最左图）。圣索菲亚大教堂由查士丁尼一世下令于6世纪建造（见左图），不过，在1922年希腊－土耳其战争中，该建筑遭到严重摧毁。自2011年以来，它重新被修葺一新

丝绸之路西段　51

布尔萨

布尔萨在伊斯坦布尔以南约一百公里的地方，1326 年，它被朝代奠基人奥斯曼一世的儿子苏丹奥尔汗一世所征服，并被确立为刚刚创建的奥斯曼帝国的第一个首都。尽管帝国的首都于 1368 年迁址于今天的埃迪尔内（古称阿德里安堡），但直到 1453 年，它依然是奥斯曼帝国苏丹们的陵墓所在地。虽然蒙古人的征战和地震破坏了这座城市，但那里依然有一些 14、15 世纪早期的、具有奥斯曼建筑风格的雄伟典范建筑被保存了下来。

在布尔萨和库马利基齐克的传统商业区（汗拉）中，有多个建筑综合体被列入《世界遗产名录》，其中包括一些库里耶（宗教捐献建筑）、清真寺（绿色清真寺和穆拉迪安清真寺）、巴扎和商队驿站（例如库扎汉即古老的丝绸市场）。

两幅下图：人们往往喜欢将那个坐落在布尔萨的有顶棚的巴扎（贝特斯坦）与伊斯坦布尔的大巴扎相比较，它与后者同样生动有趣且令人困惑。它由许多被称为"汉丝"的建筑部分组成，而在过去的丝绸生产中，这些所谓的"汉丝"就是不同的工位。因此，库扎汉即丝绸市场，依然是巴扎的一部分

左图：城防工事的遗迹

丝绸之路西段 53

布尔萨：绿色清真寺和绿色陵墓

布尔萨的绿色清真寺仿佛为我们打开了一扇进入过去的窗户，它是早期奥斯曼建筑风格的珍贵留存。当时，也就是 15 世纪初期，伊斯坦布尔尚未被征服，布尔萨依然是奥斯曼帝国的首都。穆罕默德一世下令建造清真寺，他指派的建筑师是帕夏哈西·伊瓦兹，对面的苏丹陵墓同样由他建造。

在那个时候，清真寺和陵墓就已经呈现出不同寻常的、后来被称为典范的建筑元素——八角形。这座清真寺是一座多圆顶清真寺，后来这种建筑特色也以布尔萨风格闻名于世。它的建筑材料是砂岩，但上面覆盖着大理石板。许多墙壁上都装饰有为此定制的绿色瓷砖。外墙和窗户的装饰展现出石匠们精湛的技艺。

两幅左图和两幅下图：布尔萨的绿色清真寺建于15世纪，它引领了后来当地其他建筑物的建筑风格。绿色和蓝色的上釉六边形瓷砖覆盖着墙壁，完全不辜负绿色清真寺和绿色陵墓（见最左图）的名字，而在这两种颜色的瓷砖之间还镶嵌着精致的卷须和花朵图案

丝绸之路西段

布尔萨：大清真寺

苏丹巴耶塞特一世原本立下诺言，如果他能从尼科波利斯战役凯旋，那么他将建造 20 座清真寺。事实上，他与他的奥斯曼军队在 1396 年将十字军几乎彻底消灭，于是他立刻履行他的诺言，不过这个诺言在形式上却有了略微的变化：那将是一座有 20 个圆顶的清真寺。

同年，建筑师阿里·内卡开始设计和建造大清真寺：12 根柱子支撑起 20 个圆顶，每五个为一排，它们遮盖着 5000 平方米的大礼拜堂。不过，几年之后在绿色清真寺所使用的釉瓷砖，在大清真寺建造时期没有使用。这座建筑物的建造时间仅仅只有 4 年。

左图和下图：布尔萨的"乌若"清真寺，即大清真寺，被用作城市的星期五清真寺，也就是说，星期五的礼拜会从它的宣礼塔发出召唤，因此它是城市最主要的清真寺。粉刷在白色墙壁上作为背景的是由当时一些著名的书法家完成的近两百幅墙壁铭文。木雕和粉饰灰泥艺术作品同样值得一看

丝绸之路西段

朱马勒克兹克小镇

无数双脚和车轮将厚实的历史悠久的石头道路打磨得光滑圆溜。那里有一些被涂抹上泥灰的房屋，它们的底楼是用碎石堆成的，二楼则是古老的房梁结构。隐蔽的后院给居民提供了一个阴凉的私人空间。当你正被迷人的乡村广场和小型的清真寺所吸引时，如果此刻再出现一头刚好走过村庄去运送货物的驴，那么你会恍然大悟：原来参观朱马勒克兹克小镇，就如同是一次穿越回过去的旅游。

自奥斯曼帝国以来，这个地方几乎没有什么变化，而且许多建筑结构甚至可以追溯到帝国的初期，也就是说它们已经700岁了。即使有些房子面临倒塌，你还是会在每一条小巷中感受到古老的历史。大概270栋历史悠久的房屋中的180栋，现在依然有人居住。

两幅左图和下图：一些小酒吧和摊位出售许多当地特产。如果你从布尔萨出发想要享受一次早餐郊游的话，朱马勒克兹克小镇是一个特别值得推荐的地方。因为具有历史性的魅力，它常常被用作故事片的拍摄场地。1969年，人们在村庄附近发现了拜占庭时期的遗物，如今你可以在布尔萨的博物馆中看到它们

屈塔希亚

围绕着在安纳托利亚丘陵地带以陶瓷闻名的这座城市的起源，有着大量的传说。今天，许多博物馆中都展出屈塔希亚彩色的和带有花朵图案的花瓶、盘和罐。土耳其人大多能认出16世纪之后在屈塔希亚烧制的釉瓷砖（大部分是以乳白色为底色的钴蓝色）。因此，有一种颜色的名称就是"屈塔希亚绿"。

坐落在希尔萨山上的古堡占据了城市中有利的地形，这座拥有两座清真寺和两口井的防御工事至今保存完好。

三座清真寺和两个贝特斯坦（巴扎）以及一些古老的木结构房屋主导着屈塔希亚市中心的景观。在这座拥有二十万居民的大学城的周边，还有温泉浴场、地下温泉、艾纳水坝和古城埃扎诺伊的遗址。

右图：当你站在寺庙的边缘，看着那些石刻浮雕，你不禁会高声呼唤："宙斯啊！"人们在这座寺庙中供奉着古代埃扎诺伊最高的奥林波斯神灵
下图：壮观的布满柱子的街道也同样令人赞叹不已

阿菲永：弗里吉亚山谷

那些直到拜占庭时期仍有人居住的在岩石中开凿出来的聚居地、弗里吉亚和赫梯时期的岩石坟墓和道路、基督教早期的修道院、教堂和小城堡……弗里吉亚山谷蕴藏着来自不同文明的精致文物。它的土耳其语名字音译是"弗里吉·瓦迪斯"，与其说那是一个山谷，不如说是位于阿菲永的西北的一个地区——从伊萨尼耶的多格经过古都阿亚兹尼和阿朗尤特直到赛迪勒，有时甚至会把与屈塔希亚、塞吉塔吉之间的三角地带也划入弗里吉亚山谷。

在这片辽阔的土地上，人们不断发现凝灰岩的仙女烟囱景观，还有过去的祭祀中心迈达斯城、库柏勒的纪念碑——狮子石以及在安纳托利亚的几个早期伊斯兰教的集会场所。

下图和右图：弗里吉亚山谷以其千变万化的岩石景观让旅游者惊叹不已。有时你能发现耸立于山峰的古堡，有时又会看见具有宗教含义的墙面以及在岩石中开凿出来的建筑物

丝绸之路西段 61

科尼亚

距今已有三千年历史的工业城市科尼亚是高山边缘的绿洲，它被辽阔且肥沃的灌溉土地围绕。许多道路和小径都在这个重要的交通枢纽会合，因此，自古以来它一直是享有很高声望的贸易地点。直至今日，对保持着传统习俗的民众来说，这座城市仍然是土耳其国内的朝圣圣地——信徒们前来朝拜神秘主义者哲拉鲁丁·鲁米的墓碑。

在现在的市中心西面耸立着一座山丘，五千多年来一直有人居住在那里，如今它已经几乎全部归属于城市公园。山丘脚下的古城墙和古宫殿的一部分也已经差不多完全被拆除。不过，多数建成于奥斯曼时期的大量清真寺和伊斯兰学校被保存了下来。

左图和下图：宣礼塔、圆顶和仙女烟囱塑造了塞尔柱帝国的首都科尼亚的城市景象。游客的主要目标当然是梅乌拉那博物馆，今天，它用作展示神秘主义者哲拉鲁丁·鲁米作品的博物馆（见下图背景处，前景是16世纪的塞利米耶清真寺，这可能是著名建筑师希南的作品）

丝绸之路西段 63

科尼亚：梅乌拉那博物馆

科尼亚的地标之一是梅乌拉那博物馆的那个绿色圆锥顶，在圆锥顶之下是神秘主义者哲拉鲁丁·鲁米的墓地，他生活于约 1200—1273 年间。尽管他的旋转托钵僧教团已于 1925 年被阿塔图尔克禁止，并且修道院也于 1927 年改建成博物馆，但他的石棺如今依然吸引着朝圣者和游客。

在修道院原来的舞厅以及清真寺和修道院的房间中展示着许多珍贵的手迹、乐器、地毯、木质或金属的艺术品。

左图和下图：为了纪念鲁米而捐建的修道院有18间房。它们被排列在内院旁边，且容易从小圆顶上被辨认出来（见下图）。在有火炉的小屋子里，德尔维希（又译为"托钵僧"）们生活于自愿的贫苦之中

丝绸之路西段　65

科尼亚：梅乌拉那博物馆

下图：在梅乌拉那博物馆的石棺中保存着鲁米和他的儿子非雷德的遗体

科尼亚：德尔维希

德尔维希指的不是（不只是）通常以简朴和严谨为特征的穆斯林教团在物质上的处境，而是指他们"对真主财富的自我贫苦"的认知。

德尔维希们以僧侣方式生活，当然这些在各教区也有区别，各国和各地区的教团之间也存在着不同的做法，从静默冥想到颂歌，从击鼓到跳舞。而最著名的当然要数旋转舞蹈。

这种旋转舞蹈现在几乎只是为游客而举行。如今，这种礼仪已经被联合国教科文组织列为非物质文化遗产。

左图和三幅下图：德尔维希们的这种舞蹈有一套设计完整的编舞。起舞时，舞者在白色的长袍外披着象征坟墓的黑色披风，而帽子（羊皮帽）象征着墓碑。脱下披风意味着精神上的重生

贝伊谢希尔：艾休雷夫鲁清真寺

关于艾休雷夫鲁清真寺，联合国教科文组织在世界遗产候选名单中这样写道："这是最大和保存最完好的伊斯兰世界的木质清真寺，它蕴含着早期安纳托利亚建筑中所有重要的元素。"这座清真寺是受贝伊埃米尔·苏莱曼的委托，于1299年建造在贝伊谢希尔湖北岸的，大门内侧上的铭文可以证明这一点。大门以及礼拜室都装饰有大量的马赛克釉瓷砖，其颜色和图案都是科尼亚地区的塞尔柱传统工艺的最佳例证，木质部分（天花板和42根柱子）的手绘图案同样如此。这座清真寺建筑至今依然能被信徒们所使用，则应该感谢从它的一角扩展出去的第五道外墙，墙上有一扇10米高、7米宽的大门。

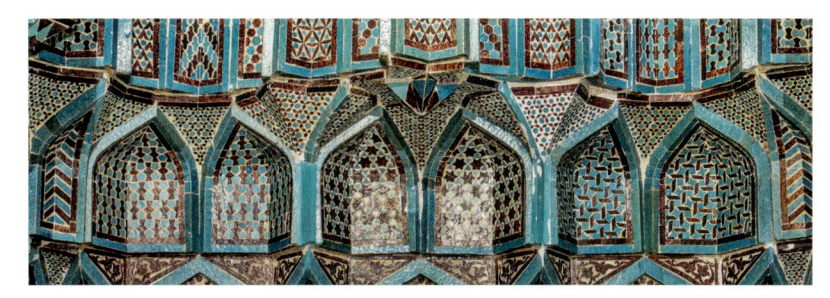

左图和三幅下图：仿佛从一片绿松石色的海洋中长出大批粗壮的树干，艾休雷夫鲁清真寺的木柱就这样从它铺满地毯的地板中向上生长。这些木柱是用雪松木加工而成的（根据民间口口相传，这些木头在贝伊谢希尔湖中浸泡过六个月），而讲经台则是用胡桃木制成的，而且没有使用钉子或胶水

加泰土丘

1950 年代，英国考古学家詹姆斯·梅拉拉特在科尼亚东南方向约 40 公里处发现了新石器时代（约公元前 7400—约前 6200 年）的房屋遗迹。当 1995 年挖掘工作再次展开和扩大时，红铜时代（约公元前 6200—约前 5200 年，又称铜石并用时代、金石并用时代）的遗迹也露出了地面。

这个聚居地有多达 1850 座建造得非常密集的房屋，因此人只有通过天窗方能进入室内。许多房屋内部都用绘画来装饰。除了抽象图案，人们还能看见狩猎场景，甚至还有大概 8200 年前，在哈桑山的双峰前的这个村庄的样子。许多墙壁浮雕呈现出豹子和弯曲着臂与腿的生物的形象。在土墙中嵌有公牛的头骨、

秃鹰的喙、象牙以及狐狸和鼬鼠的牙齿，这些可能都是狩猎的战利品。

左图和左下图：在安纳托利亚高原的两座山丘上有迄今为止被发现的最古老的石器时代聚居地。令人惊叹的是，这里发现了有机材料、纺织品碎片和木质容器等，甚至还有黑曜石制成的镜子，这也证明对美的追求古已有之。原牛的角注明墓穴所在

右下图：新石器时代的地母神库柏勒

梅克湖

世界上独一无二的火山口之一是卡拉珀纳尔附近的梅克湖。它最初形成于 400 万年前的一次火山喷发，后来过了很长一段时间，火山再一次喷发，于是形成了现在突出在中央的熔渣锥体以及三座如同岛屿般在椭圆形火山湖中间的、规模明显比较小一些的熔岩丘。

如今，梅克湖的水质已经含有非常多的盐，而且它的最深处也只有 12 米了。火烈鸟偶尔驻足在水的边缘已经部分干涸的地方；灰黑的碎石和火山灰覆盖了湖岸。碎落的熔岩形成一个围绕着 1500 米左右宽的火山湖的凝灰岩环。离梅克湖很近的地方还有一个低平火山口的咸水湖。

右图：平缓的圆形山顶不仅塑造了梅克湖周边的环境，它也形成了湖的中心。由于射入光线的角度不同，水面上绿色、蓝色、金色和棕色流光溢彩。低平火山口的盐水湖位于一个拥有多个火山口的地区，这些火山口属于在安纳托利亚中部地区的 30 公里长的卡雷吉达火山群

托罗斯山脉

这座跨越 1500 多公里，山峰高达 4000 多米的圆弧形山脉将地中海及美索不达米亚低地与安纳托利亚高原隔开。它从吕基亚半岛经过土耳其北部和阿塔图尔克水库，一直远远地向着伊朗和亚美尼亚方向延伸。很早以前，希腊人和罗马人就在它的山脚下，沿着吕基亚半岛南岸的长途道路穿行，后来在这条 500 公里左右长的道路上，还有塞尔柱的商队穿越山脉。现在，这里是最受欢迎的土耳其徒步路径之一。

在凯梅尔附近的塔提里山上，有一条高架在海拔 2400 米处的缆车，开通于 2006 年，这使得托罗斯山脉的西部地区远近闻名。托罗斯山脉的东部有两座较高的山峰：乌鲁多鲁克山（4135 米）和西洛山（4116 米）。

右图：雄伟的山峰塑造了漫长的托罗斯山脉的景象。越往东去，山脉越高。托罗斯山脉中部的最高地区在尼代市附近

丝绸之路西段　75

阿达纳

阿达诺斯是乌拉诺斯的儿子，他被认为是土耳其第五大城市阿达纳名字的来源。大约有两百万人生活在肥沃的库库罗娃低地。值得骄傲的是，在阿达纳的拥有四万名大学生的一所大学是该国最大的高校之一。城市中最主要的景点之一是一座古石桥，据说这是罗马皇帝哈德良下令建造的。

巨大的萨班哲中央清真寺拥有5个圆顶和6座高达99米的宣礼塔，它于1998年正式开放。令人印象深刻的还有贾乌德高架桥，它是土耳其最高的铁路高架桥，属于从1905年起由德国建筑公司建造的巴格达铁路线的一部分。一些古老的石板技术的绝妙实例可以在米斯·马赛克博物馆中看到。

左图和下图：阿达纳的萨班哲中央清真寺是土耳其最大的清真寺之一。这座位于塞伊汉河岸的建筑从风格上既能让人联想到伊斯坦布尔的蓝色清真寺，同时也能让人想起埃迪尔内的塞利米耶清真寺。它的建造资金全部来自捐赠，并以承担了一半以上的建筑款项的萨班哲家族的名字命名

丝绸之路西段：北线

丝绸之路的土耳其语是"乌从遥"，意思是"遥远旅途"。越往西去，这些贸易路线就会有更多的支路。其一，西域明显比东方有更多不同的民族；其二，大自然的景观不同。这些道路上经常有雪花飘过，沙

漠上的坡路也常常会自行消失，于是商队不得不年复一年地寻找新的路线。他们穿过卡帕多基亚，看过安纳托利亚东部高大的山脉、伏尔加河三角洲、凡湖。他们到过一些要塞城市，也在乌兹别克斯坦的绿洲大都市希瓦古城短暂歇息过。

下图：安纳托利亚的风景以一些火山锥为特色。在大约两千万年前的一次火山爆发中，喷发出来的熔岩覆盖了大量的平原和谷地，并给这块超过一千平方公里的干燥地区提供了肥沃的土壤

卡帕多基亚

在卡帕多基亚的内夫谢希尔省的山区，原来堆积于古老岩石上的火山凝灰岩在不同程度上受到侵蚀，于是在这里形成了蘑菇状、柱子状和锥体状的岩石景观。仅此一点就足以让每一位观赏者着迷。

拜占庭帝国小亚细亚的基督徒来到这里，他们在松软的凝灰岩中挖居所、修道院房屋和小教堂。自6世纪以来，在格雷梅谷地及其周围，以这种方式形成了一些完整的洞穴村庄和地下城市。据估计，在7世纪即格雷梅的鼎盛时期，有几十万人避难于地下居所。

左图和下图：奇形怪状的凝灰岩构成了卡帕多基亚的风景，而在这些岩石中有不计其数的为隐居而开凿的洞穴居所和教堂。格雷梅是同名的国家公园的核心部分。凝灰岩保证了居所在夏天的凉爽，同时它也能抵御冬天的寒冷。现在，一些洞穴已被改建成酒店的客房

丝绸之路西段：北线

卡帕多基亚：仙女烟囱

当你看到位于土耳其心脏地带的卡帕多基亚的奇妙岩石地层时，你只会提出一个问题：它曾经创造了怎样的早已消失的文化呢？有一些塔让人联想到安纳托利亚地区的巨石阵，另外一些又会使人想到古代希腊的石柱林，或是至今仍是一个谜的中部美洲文明的古迹。很显然，这是一些按照人类审美学的理念构造的建筑，因此人们也会联想到防御塔楼、方尖碑、佛塔窣堵波或筒仓。但当你得知这不是人类所为，而是由自然之手塑造于卡帕多基亚之上时，那么你定会感到万分震惊。

火山的喷发和凝固、炙热的土和寒冷的风不断进行着互换的游戏，于是从地质学角度来说，这里形成

了完全混乱的松软的和坚硬的岩石层的复杂组合。那些脆弱易碎的、多孔透水的凝灰岩在一次又一次的狂风暴雨中被冲走，而存留下来的则是比较坚硬的岩石，它们逐渐堆积成坚实无比的地层。因此，卡帕多基亚变成了一座壮观的大自然雕塑博物馆，你可以在那里不断地发现新的景观。

左图和下图：在拥有峭壁和凝灰岩锥体的卡帕多基亚的格雷梅谷地，有着奇妙无比的岩石景观，那里甚至还隐藏着几百座洞穴教堂以及教堂内的拜占庭帝国时期的壁画。该地区入选世界自然和文化遗产。一项项更加坚硬的凝灰岩"帽子"保护着被称为"仙女烟囱"的怪异石峰

卡帕多基亚：格雷梅

并不是西班牙的建筑师高迪设计创造了这些塔、烟囱和蘑菇形状的物体，而是大自然。即使它们看上去是遵循了巴塞罗那伟大艺术家的有机建筑理念，但是火山才是真正的建筑大师。它们在几百万年中不断将凝灰岩堆积，风和水才是雕刻岩石的匠人。唯独比较坚硬的岩石层才能抵抗侵蚀和形成今天这著名的岩石地层——仙女烟囱。

从4世纪起，安纳托利亚的基督教徒在这里得到了庇护。他们不再受到敌人的侵犯，能够自由地从事他们的宗教活动。他们挖空松软的凝灰岩，在那里面建造起一些过道、房间和整座教堂。格雷梅是同名国家公园的中心，是在所有谷地中开发最好的地方，不过也是游客数量最多的地方。谁想要寻找清静，那么他更应该去周边的谷地旅游。

下图：城市的房屋有机地融入岩石地层
左下图：一座所谓的黑暗教堂

卡帕多基亚：乌奇希萨尔

这座60米高的岩石古堡耸立在乌奇希萨尔，给人们提供了观赏周边风光的最高观景点：比如你能远眺埃尔吉耶斯火山，远处，白雪覆盖的山峰闪闪发光。天然的堡垒状凝灰岩同样是由火山运动形成的，但它被人类之手挖出许多洞，就像一块瑞士奶酪。岩石中开凿出来的房间通过楼梯和走廊相互连通。但是，由于房屋不断遭受侵蚀，许多曾经有人居住的房屋现在已经倒塌。

如今，一些基督徒的民居洞穴已被用作鸽子棚，而鸽粪则被乌奇希萨尔周围的农民用作农田的肥料。尽管如此，感谢旅游业的开发，这些由仙女烟囱和岩石居所组成的不同寻常的房屋，现在已经复兴并成为一种时尚。

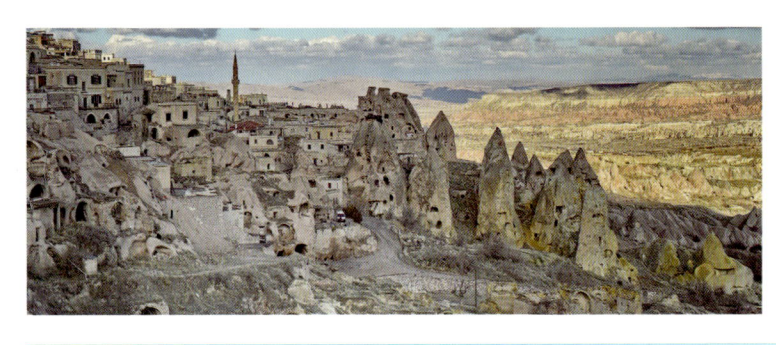

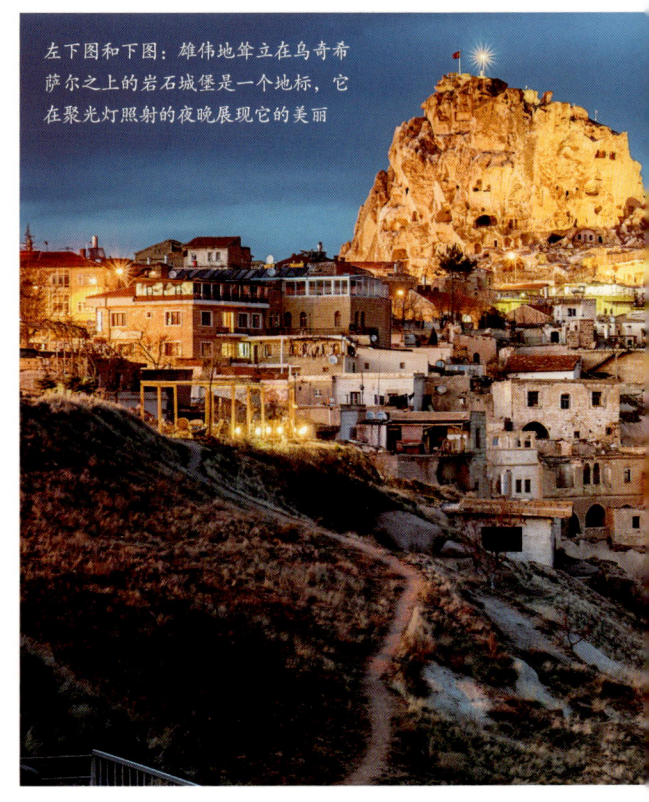

左下图和下图：雄伟地耸立在乌奇希萨尔之上的岩石城堡是一个地标，它在聚光灯照射的夜晚展现它的美丽

丝绸之路西段：北线 89

卡帕多基亚：格雷梅国家公园的洞穴教堂

在卡帕多基亚地区有将近 3000 座洞穴教堂。世界上几乎找不到任何一个地方，能将拜占庭教堂艺术如此长久、这样完好地保存下来。迄今所知的最古老的教堂是 4 世纪时的一个简陋洞穴。当时罗马和希腊的神灵都以绘画和雕像形式出现，因此其他的图像表达都被作为异教艺术而遭排斥。由此，在那些古老的洞穴教堂中，墙壁仅仅被绘制上一些简单的十字图案。

当然，在此后的几百年中，情况也发生了变化。在这个地区，一位尤为重要的人物是凯撒利亚的圣巴西略，4 世纪时他在此地生活，并最后成为了东罗马帝国最重要的凯撒利亚教区的主教。此后的几个世纪中，卡帕多基亚地区出现了一些独一无二的建筑和壁画，而且许多教堂和修道院都供奉着圣巴西略。

从一个比较隐蔽的洞穴口，人们可以走进卡帕多基亚最大的宝藏：黑暗教堂。之所以如此命名它，是因为没有一丝阳光能够照射到教堂的内部，不过这也

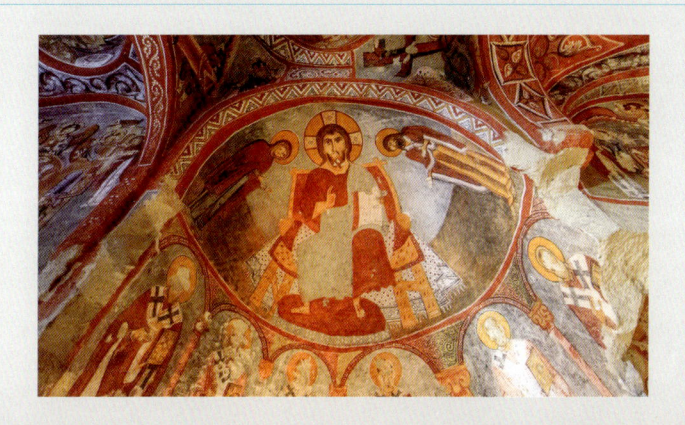

是对墙上珍贵壁画的祝福，使得它们能几乎保持 800 年前的原始模样。它们讲述了耶稣的人生，并以图画形式展现了《新约全书》。

下图：在圣保禄将安纳托利亚基督教化之后，一些早期的基督教徒团体迁移到此地，并在岩石中挖出隐蔽的教堂和修道院

左图：这里有一些基督的图像。基督肖像在拜占庭艺术中的特征是着红色内衣，左手处是翻开的《福音》，右手呈祝福手势

开塞利

赫梯人把在阿里山麓过去的聚居点叫马萨卡,希腊化时代它的名字是奥瑟比亚。一些卡帕多基亚的国王们当时都居住于此。这座城市的再一次繁荣是在4世纪,为了纪念罗马皇帝提贝里乌斯·尤利乌斯·凯撒,城市被命名为凯撒利亚。此后,开塞利经历了许多战争及统治者的更换。

1900年之后,人们终于开始建设新的城市。不过在这里,你依然会不断地发现一些历史性的建筑。比如,在市中心共和广场边上一座12世纪的城塞和奥斯曼帝国时期的法提清真寺。玛佩丽·呼拿特·哈坦建筑总体由清真寺、陵墓、伊斯兰学校和浴场组成,是塞尔柱帝国苏丹凯库巴德的妻子于1237年捐赠建造的,并以她的名字命名。紧邻城市最古老的商队驿站的是一座于1205年竣工的大清真寺。

左图和下图：许多历史古迹隐藏在开塞利的现代形象之中，那里有古老的拍卖场、井和圆顶陵墓，还有建于1856年的亚美尼亚的圣格列高利启蒙者教堂以及如今已成为民族博物馆的过去的王宫。近几年来，城里的阿里山被绿化了。据说北部的医疗修道院洞穴设施是凯撒利亚的圣巴西略建造的

丝绸之路西段：北线

开塞利

下图：与伊斯坦布尔的大巴扎相比，开塞利的这个有顶棚的大巴扎更原始一些

锡瓦斯

早在赫梯帝国时代就以"祝福的河"闻名，在罗马共和国时期又是亚美尼亚省省府的古城，古称塞巴斯蒂，而现在的名字则是锡瓦斯，但它依然拥有许多古老的建筑，其中大部分建成于塞尔柱帝国时期。最古老的建筑之一是 1218 年建造的一所伊斯兰医学院以及亚美尼亚建筑师卡隆扬设计的蓝色伊斯兰学校，当然还有另外一所伊斯兰学校和它的双宣礼塔。

城市中历史最悠久的清真寺是克泽尔河岸的大清真寺。库尔桑卢浴场和贝拉帕萨·汉商队驿站建造于 16 世纪的奥斯曼帝国统治时期。锡瓦斯的城门外是古老的亚美尼亚圣十字教堂的遗址。作为同名的土耳其省份的省城，这座城市以其附近的高温温泉、低温温泉和坎加尔的鱼疗而闻名。

左下图：双宣礼塔伊斯兰学校竣工于1271年（见图片的左侧）。即使这所学校在过去的几个世纪中经过了几次翻修，但塞尔柱帝国时期的外墙依然闪耀着它原始的辉煌。图片背景处是穆罕默德帕夏清真寺，一座奥斯曼帝国时期的建筑。它也被称为卡勒清真寺，意为"城堡清真寺"，虽然城堡并不在它的旁边

丝绸之路西段：北线

锡瓦斯：双宣礼塔伊斯兰学校

下图：穿过装饰精致的拱门，一眼便可以望见两座宣礼塔，这所伊斯兰学校也因此得名

迪夫里伊

蕴藏着丰富铁矿的城市迪夫里伊在历史上曾经多次遭到摧毁，而城市中今天还有中世纪杰出的塞尔柱帝国建筑的遗迹。围绕着这座位于安纳托利亚中部锡瓦斯省的城市，曾经展开过一些激烈的争夺战，它多次被阿拉伯人统治。在9世纪，迪夫里伊服务于保罗派，并作为保罗派对东罗马军事远征的基地。

872年，巴西尔一世派克里斯托弗罗斯在保罗派的领土上将其一举打败。然后，皇帝下令摧毁了这座城市和城堡。

当塞尔柱帝国于1071年战胜了拜占庭帝国之后，迪夫里伊归埃米尔·门格切克统治。1228—1229年间，埃米尔·艾哈迈德·沙阿下令建造大清真寺。

左图和下图：昂贵的设施是富裕的象征，迪夫里伊在主要贸易路线移位之后实现了经济繁荣。这座清真寺只有一个祈祷室，它与医院被两个圆顶遮盖。朴素的内部墙壁与几扇装饰华丽的大门形成鲜明对比。设计巧妙的圆形拱券和富有创意的装饰使它成为伊斯兰建筑的一件伟大杰作

埃尔祖鲁姆

在 1939 年的大地震中,埃尔祖鲁姆的大部分老城区遭到了破坏,不过,那里还是有一些历史悠久的建筑被保存了下来。比如,在建于 1535 年的奥斯曼城墙的附近,巍然耸立着一座城堡山,还有其南边的双宣礼塔伊斯兰学校和大清真寺。在老城堡外,你还会发现三座伊斯兰教的塔形陵墓。商业主街君姆里耶特大道从当年的城门达布列士一直向西,它的两边直到雅库特伊斯兰学校排列有几座清真寺。

在安纳托利亚东部如今最大的城市中心,有一座于 1310 年复制的比较简朴的双宣礼塔伊斯兰学校,现在它是土耳其伊斯兰艺术和民族志博物馆。在城市南部帕兰德肯山的山坡上有一个滑雪胜地。

左下图：早在14世纪初的蒙古统治时期，雅库特伊斯兰学校已经建成，如今它是民族志博物馆。这座简朴的建筑曾一度用作加农炮铸造工场

右下图：大清真寺是在11世纪建筑的基础上，于17—18世纪建成

卡尔斯：阿尼古城

阿尼终于在 1735 年被彻底废弃。原先它坐落在亚美尼亚和土耳其边境的高原上，而高原的东西两侧都是很深的峡谷。在 961—1045 年之间，阿尼是亚美尼亚的巴格拉提德王朝的首都。由于阿尼位于丝绸之路的一条支路边上的重要地理位置，它在这段时间里迅速发展成为重要的贸易中心。

据估计，阿尼曾经有过十万居民，并被称为是拥有"1001 座教堂的城市"。1319 年地震之后，城市开始走下坡路。阿尼的人口在 1064 年被塞尔柱帝国、1239 年被蒙古人征服之后，持续减少。一些教堂包括气势宏伟的主教座堂以及于 10 世纪建造的城墙、城塞和宫殿被部分保留下来。

左图：诺贝尔文学奖得主奥尔军·帕慕克在他的小说《雪》中，以过去的军事重镇卡尔斯作为场景地。卡尔斯北部的城塞于1579年在帕夏拉拉·穆斯塔法的委托下重建

四幅下图：尽管只有废墟留存着当年的繁华，但是，与卡尔斯相邻的阿尼被视为中世纪欣欣向荣的亚美尼亚城市的典范

丝绸之路西段：北线

第比利斯

格鲁吉亚人口最多和最大的城市第比利斯沿库拉河两岸伸展。近三分之一的格鲁吉亚人居住于此。这座早在公元前 4 世纪就有记载的城市,如今是该国文化和经济中心,它拥有漫长且复杂的历史。

直到格鲁吉亚最终于 1991 年独立,波斯人、拜占庭人、塞尔柱人、阿拉伯人和奥斯曼人曾轮流当过第比利斯的统治者,它甚至一度是俄罗斯帝国和苏联的一部分。这漫长和复杂的历史在城市景观中得到呈现,并使得第比利斯成为了中世纪、古典主义和苏联时期建筑风格的混合物。除此之外,第比利斯也以其含硫的热温泉而闻名,甚至城市的名字也由此而得。

下图：在傍晚的灯光中，艾利阿斯山丘上的主教座堂主导着第比利斯的城市风景。雄伟的格鲁吉亚东正教阿波斯特尔教堂从1996年起建造，占地面积超过5000平方米，直到2004年，它才正式对外开放

左图：另一个引人注目的是高耸于老城区之上的纳里卡拉要塞

第比利斯：老城区

沿着库拉河岸的第比利斯城区有 20 公里长。由于谷地狭窄，城市在东西方向只有很小的跨度，因此，许多居民区只能阶梯式地建造在山坡上。中世纪的老城区在右岸，其狭窄的街道上铺着大的圆石地砖。丝绸之路曾经穿过老城区，那里至今还保留着古老的商队驿站。

纳里卡拉要塞耸立在老城区北部，主宰着老城区的天际线，它的起源可以追溯到公元后的第三个世纪。不过，大部分要塞建筑在 1827 年的一次爆炸中被摧毁。如今人们可以步行前往要塞，也可乘坐缆车，在那上面俯瞰全城，美不胜收。

左图：第比利斯老城区建筑的外墙、门和木阳台的色彩非常丰富和明亮，它们蜿蜒在索洛拉基山的山脊上

下图：早在3世纪时就建造的纳里卡拉要塞（波斯语的意思是"坚不可破的城堡"）的景观特别引人注目。来到这座城市的游客最向往的地方是拥有城垛的要塞围墙

第比利斯：教堂

大量的教堂建筑塑造了格鲁吉亚首都的城市风光。在第比利斯的这些教堂中，锡安主教座堂应该是最古老的一座了。该教堂以耶路撒冷的锡安山命名，最初建成于 6 世纪，是格鲁吉亚东正教会最神圣的地方之一。自 14 世纪初以来，它收藏了许多珍贵的文物，其中包括使徒多马的头颅和圣尼诺的葡萄藤十字架。圣尼诺是当时与使徒们齐名的年轻女子，她在 4 世纪初期将基督教传播到了格鲁吉亚。

随着时间的推移，牧首们和主教们居住的锡安主教座堂经过了多次改建，但是，墙壁上依然有 1850—1860 年间绘制的壁画。俄罗斯艺术家格里高里·加加林以比较古老的壁画做背景，创造了一些新的画作。

大卫教堂建在塔兹明达山陡峭的山坡上，它以叙利亚修士大卫·加列加的名字命名。大卫·加列加于 6 世纪时在这里一个僻静的寺院中生活过，并为基督教在格鲁吉亚的传播做出了重要贡献。20 世纪初，一座于 1855 年在老的小教堂遗址上建造的圆顶教堂及其墓地都被改造成了万神殿，如今，此地埋葬着许多

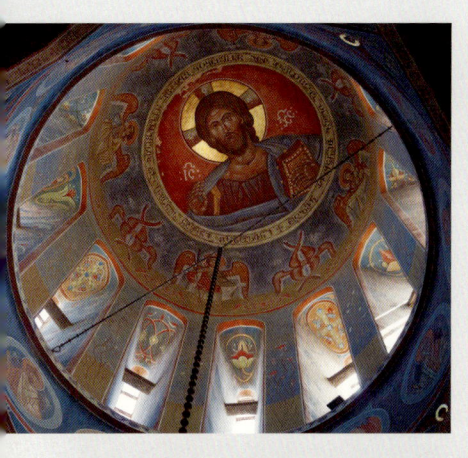

格鲁吉亚的诗人、思想家和政治家。

两幅下图：锡安主教座堂拥有深蓝色星空天花板；墙壁于19世纪被绘制上大量的壁画

最左图：在纳里卡拉要塞的下面，耸立着一座于18世纪建造的亚美尼亚教堂——伯利恒教堂；1994年，它被改建为东正教的宗教场所

左图：国王大卫教堂

丝绸之路西段：北线　115

姆茨赫塔古城

姆茨赫塔的名字来源于传说中的始祖卡特洛斯的长子姆茨赫乔托斯。这座城市曾经是东格鲁吉亚卡特利王国的首都,它在800多年的历史长河中具有重要的核心地位。考古学家们在此地挖掘出古典时代的一座国王官邸、一座卫城的残余、温泉和一片大的墓地,其中还有石板墓和整块大石做成的石棺。一座2世纪时有陪葬的女性坟墓给我们提供了有价值的信息。

姆茨赫塔对格鲁吉亚的基督化历史也有着重要意义。围绕着据说有神奇作用的木十字架建造起来的十字修道院(586—605年),是该国保存最完好的早期基督教教堂之一。1010—1029年建造的生命之柱主教座堂的名字来源,也同样出自一个在它的前身建筑中曾经发生过的神奇现象。

左图：在姆茨赫塔对面的萨古拉米山的山顶上耸立着生命之柱主教座堂

两幅下图：斯特凡一世，第一位格鲁吉亚公爵的儿子，于6世纪末下令建造这座教堂，以纪念圣尼诺。几个世纪以来，格鲁吉亚人在生命之柱主教座堂中安葬了他们的统治者。洗礼盆的历史可追溯到4世纪的基督化时期

丝绸之路西段：北线

大高加索山脉

早在 1840 年，莱蒙托夫就在他的小说《当代英雄》中描写了高加索山脉宏伟壮观的场景，而其中的大高加索山脉又是它的最大山脉。它从里海海岸的阿普歇伦半岛延伸至黑海海岸的塔曼半岛，全长有 1000 多公里。

大高加索山脉有森林茂密的 600 米高的"黑山"，有 5000 多米高的冰川高峰，例如厄尔布鲁士山和卡兹别克山，因此，这座巨大的山脉给各种动物提供了栖息空间。山脉西部的高加索山保护区被列入联合国教科文组织世界自然遗产。你能在这里遇见高加索羱羊、马拉马鹿、狼、猞猁和欧洲野牛。大高加索山脉高达 3600 米的岩石山脊形成了俄罗斯与格鲁吉亚、阿塞拜疆的边界。

四幅下图：高达5000米的冰川山峰、温和的高原牧场和针叶林，这些都是大高加索山脉的特征。历史上，有三条当时具有战略意义的重要道路通过它，这也是现在俄罗斯与南部高加索地区国家之间的主要交通干线

两幅左图：格哥蒂三位一体教堂（14世纪）标志性地屹立在绵延的山脊之上

丝绸之路西段：北线

格罗兹尼

　　这座如今的大都市曾经两次受到车臣战争的严重影响，但是，现在你已经看不到一点点过去的伤痕，街道和桥梁被修建，基础设施得以恢复。今天，格罗兹尼完全能够以自 2009 年以来，在整个市中心新造的宏伟建筑而感到骄傲。

　　新近的建筑中包括阿赫马特·卡德罗夫清真寺（"车臣之心"），这座能同时容纳一万人的清真寺，是俄罗斯最大的清真寺。当然，同样得到精心且完美的修缮的还有天使长米迦勒教堂。它于 1868 年揭幕，也就是在城市成立五十周年之际。在长期的高加索战争期间的 1818 年，叶尔莫洛夫将军下令在孙扎河畔建造一座俄罗斯的防御工事，它最初被命名为格罗兹尼亚——"令

人恐惧的"。

两幅左图和下图：早在20世纪初，丰富的石油储藏就给格罗兹尼带来了可观的财富。今天，这座车臣共和国的经济与文化中心是俄罗斯最富有的城市之一，崭新的艾哈迈德·卡德罗夫清真寺是俄罗斯最大的清真寺之一。新建的拥有摩天大楼的市中心名叫"格罗兹尼城"（见下图）

阿斯特拉罕

位于里海海岸的这个地区大约有一百万居民。在大都市的南部，伏尔加河与它的几百条支流形成了欧洲最大的三角洲，它与人烟稀少的广阔草原风光形成了鲜明对比。这个地区有多个自然保护区，其中包括从鸟类学来说，让人们充满兴趣的阿斯特拉罕自然公园，还有围绕巴斯昆恰克咸水湖的伯格多·巴斯昆恰克湖自然保护区。里海上几座无人居住的岛屿也属于阿斯特拉罕州。

经济上有着优势地位的是传统的捕鱼业，而且直到最近，这里的鱼子酱生产一直居于领先地位。不久前，此地发现了油田和天然气田。在这个州内有不到十二个聚居地，其中唯一的大城市和行政中心是阿斯特拉罕市，它拥有克里姆林和其他一些历史性建筑。

左图和两幅下图：在格里默斯豪森的《辛普利修斯姆斯》以及康斯坦丁·帕乌斯托夫斯基和维里米亚·赫列勃尼科夫的作品之中，这个地区和它的大都市扮演着一个重要角色，它早已成为欧洲与里海邻国之间的一个主要贸易地区。因此，卡拉库尔绵羊的卷曲毛皮也被称为"阿斯特拉罕"。从17世纪起，生丝贸易日益蓬勃

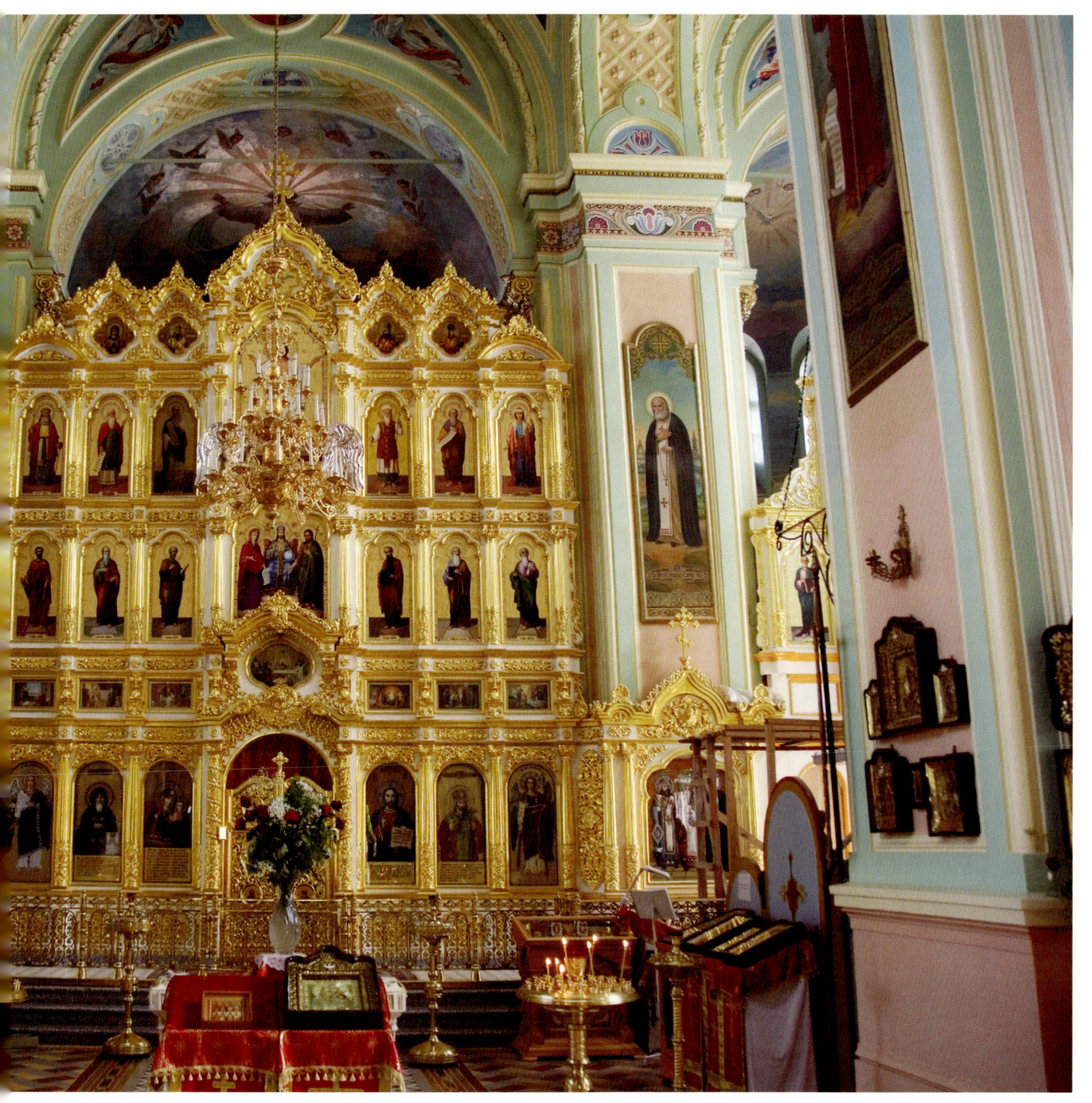

丝绸之路西段：北线　123

阿特劳

根据边界的常规定义，阿特劳的一部分属于亚洲，另一部分属于欧洲，而两大洲的分界线就是乌拉尔河。最初被称为雅茨克堡的这座城市是由两个俄罗斯商人兄弟于1640年建立起来的，从1708年直到哈萨克斯坦共和国独立，它的名字叫古里耶夫。今天的阿特劳距里海北岸刚过40公里，有一个内河港，还有属于其最主要的经济组成部分的石油加工、机械制造和渔业。

除了建成于2001年的曼加利清真寺和地区历史与艺术博物馆之外，还有一座19世纪的东正教教堂也值得一看。在阿特劳的郊区有一座中世纪的废墟——萨拉德如克，一座为它而建的"新建筑"距离废墟1500米。

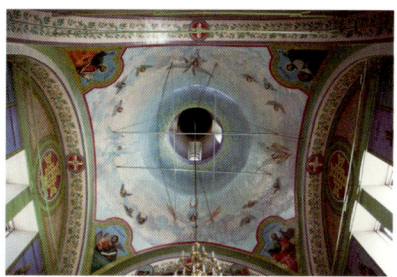

两幅左图：阿特劳城市中心的曼加利清真寺建造至今不到20年，但对众多的信徒来说，它的规模已经太小。其他一些现代建筑都差不多比这座清真寺更高大了。清真寺位于城市的亚洲部分，而机场则在欧洲的土地之上

下图：城市中心的成吉思汗塑像

丝绸之路西段：北线 125

卡拉库姆沙漠

夜晚，它的火焰熊熊燃烧，闪烁的橙色照亮了原本黑色的沙漠。然而，它实际上是一座火坑，如同人们在童话中对地狱入口的想象那样。在卡拉库姆沙漠上既没有魔鬼，更没有巴力西卜在施展魔法，因为这是人类的作为。如果沙漠占据了一个国家90%的领土，那么该国政府必须寻找代替农业的产业。于是，在1971年，他们对一片天然气田进行了试钻。然而不幸的是，专家们遇到了一个地下空洞，钻机掉了进去。为了不让冒出来的天然气造成危害，钻井专家们决定点燃这个天然气田。

达瓦札火山口的烈火至今熊熊燃烧。

下图和右图："地狱之门"，这个被人类点燃的深洞储藏着土库曼斯坦地下几乎取之不尽的天然气，它吸引了许多围观者和游客。为了看一眼人类在卡拉库姆沙漠中造成的神奇的达瓦札火山口，好奇者愿意冒险靠近燃烧着天然气的深洞边缘

克孜勒库姆沙漠

6000万年前，喜马拉雅山脉、天山山脉和帕米尔山脉扩展开来，并使得那时候的海洋逐渐变成了内陆湖盆地，其中就有现在的克孜勒库姆沙漠和卡拉库姆沙漠。前者主要分布在图兰平原的内部，处于北面的锡尔河和西南的阿姆河之间，占地面积20万平方公里左右，拥有许多岛山和低地。很多平原被混合的砾石和沙子所覆盖，而这些沙子中就有一种红色的沙子，该沙漠也因此而得名。

感谢当初的海洋地形使克孜勒库姆沙漠蕴藏着多种多样的化石。部分沙漠被用作牧场，尤其是用来饲养卡拉库尔绵羊、马和骆驼。在土库曼斯坦、乌兹别克斯坦和哈萨克斯坦境内的沙漠上，一些绿洲被用作耕地。

右图：草原陆龟（又名四爪陆龟）适应了荒芜的沙漠生活，它们用自己的利爪挖掘地道，以便在夜间和高温时能够撤回洞中

丝绸之路　连通伊斯坦布尔和中国西安的历史之路

丝绸之路西段：北线　127

库尼亚 - 乌尔根奇

早在 1 世纪，库尼亚 - 乌尔根奇就已经是重要的贸易中心。712 年，库尼亚 - 乌尔根奇被阿拉伯人占领。995 年，它又成为花剌子模王朝的首都，而这个王朝则因为他们先进的浇灌技术得以繁荣昌盛。1043 年，塞尔柱王朝征服了这片土地。1194 年之后，花剌子模王朝的疆土从里海一直延伸到波斯湾，达到了它最大程度的扩张。1220 年，在成吉思汗的统领下，蒙古人摧毁了这座城市，然而，库尼亚 - 乌尔根奇再次崛起，并在仅仅几年的时间里成为一座大都市。14 世纪末，帖木儿帝国又征服了花剌子模帝国，库尼亚 - 乌尔根奇再次遭到摧毁，并最终于 17 世纪被彻底放弃。2005 年，库尼亚 - 乌尔根奇作为文化遗产被列入《世界遗产名录》。

左图：在土库曼斯坦北部靠近乌兹别克斯坦边境的一座废墟城中，阿拉伯人、塞尔柱人、蒙古人留下了他们的痕迹。被保存下来的最漂亮的建筑之一是苏菲王朝的陵墓，即图拉别克·哈努姆陵墓。它是一座由乌兹别克的可汗为他的爱妻所建的陵墓

下图：苏丹帖乞失陵墓

丝绸之路西段：北线

阿亚兹·卡拉遗址

阿亚兹·卡拉的泥砖墙城堡屹立在克孜勒库姆沙漠边缘的平坦风景之中，非常宏伟壮观。这三座堡垒的建造时期是公元前4世纪至公元7世纪。在当地居民遭遇游牧民族突袭的时候，它们可以为他们提供保护。这完全是因为当时的聚居地附近有一片绿洲。

三座城堡当年是建造在自然形成的高地上的，在其中那座地势最高和最古老的城堡的北面，现在仍然有一个名叫阿亚兹·卡拉的湖泊。起先湖泊是阿查·达里亚河的一部分，这条河曾经灌溉着周围许多地区，并为农业提供了很多可能性。

1940年左右，圣彼得堡考古学家、民族志学家和历史学家谢尔盖·帕夫洛维奇·托尔斯托夫发现了被废弃了一千多年的要塞，于是人们开始挖掘它们。

右图：尽管侵蚀日趋严重，三座防御堡垒的遗迹依然较好地呈现出它们原始的建筑结构。它们排列成一条直线，其特征是双层围墙，门楼在整个工事的最低处，碉楼呈椭圆形

克孜勒·卡拉遗址

在中世纪时，围墙厚度可达八米的"红色堡垒"成为了一片肥沃的农业地区的中心，同时，克孜勒·卡拉也是穿越哈兹拉特苏丹峰商队路线的枢纽。作为一系列同类防御工事的一部分，它起到了保护当时的花刺子模帝国东北边境上的聚居地的作用。

在13世纪蒙古人征服此地之后，一度繁荣的丝绸之路经停站开始衰弱。当然，还有一个原因也很重要，那就是商队由于气候的变化而开始寻找新的路线。至今保留下来的是一个大的商队驿站、一座陵墓和三个烤炉。在克孜勒·卡拉的废墟中还发现了一些花刺子模帝国时期的陶瓷。不过，考古学家们至今未能找到当地居民经常提及的几公里长的隧道。

右图：在很长一段时间里，进攻者始终无法在这座克孜勒·卡拉城墙上打开一个突破口，最后是蒙古人征服了这个当年丝绸之路上的要塞。

丝绸之路西段：北线

伊钦卡拉内城（希瓦古城）

被称为伊钦卡拉的是乌兹别克斯坦最西部的城市希瓦的老城区，它是当年商队穿越伊朗境内沙漠之前的最后一个驿站。伊钦卡拉的建筑风格是中亚伊斯兰建筑的典型，其基本色调是如同沙子般的浅赭色，而在这基本色调衬托下，装饰在圆顶和宣礼塔上的鲜艳陶瓷更显得光彩夺目。尤其是在阿明汗伊斯兰学校前的一座未完成的卡尔塔小型尖塔，它的图案与色彩特别丰富，同样色彩丰富的还有一座赛义德·赫德沙伊斯兰学校的宣礼塔。

老城区被400米宽、720米长和拥有棱堡的黏土防御墙包围。17世纪时，靠着围墙建起了要塞和早期统治者的官邸，并取名为库亚·雅克。19世纪初，阿拉库里汗下令在城市的另一端建造塔什·浩利宫。

左图和下图：当你站在乌兹别克斯坦希瓦古城保存完好的老城区伊钦卡拉之中，你会感觉自己穿越到《一千零一夜》的童话之中了，老城拥有小巷、陵墓、清真寺、宣礼塔和伊斯兰学校。老城区的景色受伊斯兰学校、宣礼塔、宫殿和库亚·雅克城塞的影响，而宣礼塔卡尔塔依然未完成（见下图），这座28米高的塔原本应该有70米高

伊钦卡拉内城：霍贾宣礼塔

在赭色砖石建筑中深蓝色、白色和红色的釉彩马赛克交替着重复出现，鲜明的对比层层叠叠围绕着宣礼塔。这座包含地基在内总高达到 57 米的宣礼塔是城市的地标。尽管它有差不多 10 米的直径，但它向上很快变得细小，也使宣礼塔显得格外精致。希瓦的最高宣礼塔和最小伊斯兰学校（研究伊斯兰教的高校）所组成的建筑总体构成了一道对比强烈的风景。这是一所由伊斯兰·霍贾下令于 1908—1910 年间建造的以他名字命名的学校。伊斯兰·霍贾是最后一位可汗斯凡迪亚汗手下的大维齐尔，同时也是斯凡迪亚的岳父。伊斯兰·霍贾为这座城市做出了许多贡献，其中包括创建了几所学校和一所医院。

下图：建造者们希望这座宣礼塔的高度超过布哈拉的喀龙宣礼塔，他们的确也做到了。除此之外，在宣礼塔 45 米高处的平台提供给人们欣赏伊钦卡拉内城的最佳视野

伊钦卡拉内城：帕拉翁·马哈穆德陵墓

帕拉翁·马哈穆德可以说是一位集赫拉克勒斯、希波克拉底和苏格拉底于一身的全才：他是哲学家和战士、诗人、医者、摔跤手。不仅他的力量，还有他的诗歌和医术都使他成为了传奇人物。生活在1247—1325年间的这位全才被看作是城市的守护神，因此受到人们的崇拜和敬仰。此后的几个世纪中，他的墓地并不耀眼，不过，全国各地还是有许多朝圣者会来到这里。现在这座宏伟的陵墓于19世纪建成。

从1913年起，希瓦的可汗家族也把帕拉翁·马哈穆德陵墓作为墓地。这座陵墓不仅从外表上看是城市最美的建筑之一，墓室墙壁及石棺也都装饰着最好的波斯风格的马赛克艺术品，其表面上有深蓝色、白色和绿松石色的精美图案。帕拉翁·马哈穆德的诗歌也同样以马赛克形式被永远保存。

下图：圆顶全部贴上了耀眼的绿色和绿松石色瓷砖。圆顶之下是马哈穆德和可汗家族的墓室

伊钦卡拉内城：卡尔塔小型尖塔

卡尔塔小型尖塔伫立在那里，仿佛就是一段被砍断的树干，围绕着它的是鲜亮和独一无二的马赛克宽圈，而这不同寻常的外观却有一个原因：按照可汗穆罕默德·阿明的要求，这里应该伫立一座中亚最高的宣礼塔；然而据一些历史学家猜测，尽管塔基直径有14米，但它的承载能力还是不够。不过，关于工程停止的原因，也有人认为是他们与南部邻国的战争，更有人说是1855年可汗穆罕默德·阿明的去世。从它地基的巨大宽度和向上变细的趋势来分析，专家们猜测这座塔的设计高度约为80至90米。然而这一建筑最终大约只达到了其设计高度的三分之一。

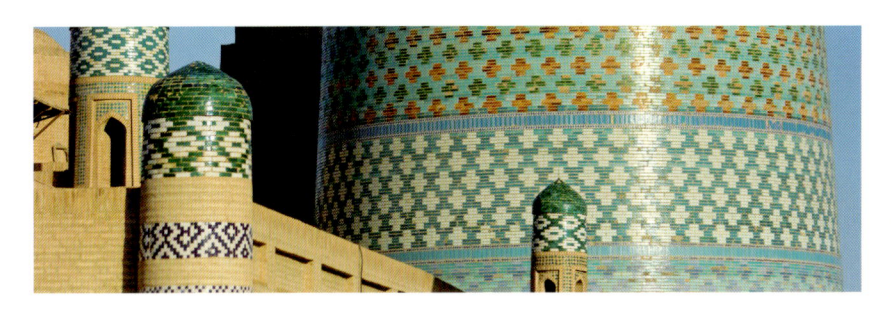

左图和下图：至今无法解释为何工程突然中断。有一种传说是，建筑师接受了布哈拉统治者的邀请，请他在那里建一座更高的塔，于是可汗穆罕默德·阿明杀死了建筑师。无论如何，这个建筑的名字"矮宣礼塔"应该源自它的外观

丝绸之路西段：北线 137

伊钦卡拉内城：阿明汗伊斯兰学校

伊钦卡拉内城：星期五清真寺

这所学校在卡尔塔小型尖塔的旁边，而且同样是希瓦的可汗穆罕默德·阿明下令建造的。它还有一个声誉，那就是，它是乌兹别克汗国时期最漂亮的伊斯兰学校之一，建成于 1851—1855 年之间。在这段时期，该国总共创建了 64 所此类学校。阿明汗伊斯兰学校出类拔萃的部分是它华丽壮观的大门门楼。尽管长方形的大门中间的那个镂空的尖拱券已经是中亚地区典型的建筑元素，但用无数的闪光瓷砖和马赛克来装饰大门门楼的建筑却也为数不多。在学校内部还有一座冬季清真寺、一个礼堂、一些起居室和卧室。在大楼的四个角上还有所谓的"花束"，那是当地宗教建筑设计中的一种典型角楼。

左图：正门的装饰由花剌子模帝国的乌兹别克大师制作，他们以釉瓷和雕刻技术著称

一个宽敞的祈祷厅是这座星期五清真寺的核心，厅内排列着犹如森林中细高的山毛榉树般的木柱。这座清真寺的别名叫"中亚的科尔多瓦"，源自西班牙一座清真寺内著名的柱子大厅。不过这些柱子并未采用石头，而是用黑榆木制作的，它是中亚木雕艺术中最古老的典范之一。有些柱子的历史可追溯到 10 世纪，也就是清真寺初建的时期。

1788 年，大部分已被摧毁的星期五清真寺根据其原始设计图得到重建。这也再一次显示出这些细高的木质艺术品的特色：它们不断地在不同时代中得到添加，有些木柱来自乌兹别克汗国的不同地区，但也有一些木柱来自外国。由此可见，这 213 件艺术品中的每一件都是孤品。

左图：从外观上看，星期五清真寺的石砖并不引人注目，直到走进祈祷厅，这座清真寺的独特性才真正得到呈现

伊钦卡拉内城：塔石·浩利宫

　　它仿佛就是一个有无数弯弯曲曲的走廊和通道的迷宫。当然，这也不足为奇，因为这些走廊需要将所有 163 个房间、9 个大的和 5 个小的内庭连接起来，这就是"塔石·浩利"——"石头的宫殿"。这是 1825—1842 年在位的希瓦可汗阿拉·库利的官邸，也是他下令于 1833—1838 年间建造完成的宫殿。其中的雕刻和以各种不同的精美形状及色彩绘制而成的木质天花板，都是这个宫殿的特色所在，当然还有与画满抽象图案的木质天花板遥相呼应的墙面瓷砖。尤其是宫殿的内庭，蓝色与白色的变化犹如天空的色彩重现在闪光的墙壁上。后宫的房间都装饰着有花卉图案的华丽多姿的釉瓷，里面的木柱被一层层精细雕刻，其大理石底座也同样有着丰富的抽象图案。

最左图和两幅下图：宫殿中木质的门、天花板和柱子是当地精细木雕的成功案例

左图：可汗的卧室也被装饰得富丽堂皇。冬天，内庭会用动物毛皮制作的顶棚覆盖，以保护珍贵的马赛克和细木镶嵌艺术品不受恶劣天气的损坏

丝绸之路西段：北线　141

丝绸之路西段：南线

21世纪，历史悠久的丝绸之路南线的大部分路段再次成为全球公众关注的焦点：一方面，越来越多的人愿意到伊朗进行文化旅游，这是好事；可另一方面，叙利亚内战正在进行，那里的人不得不背井离乡，这

给该国丰富的文化遗产造成了严重破坏，例如在巴尔米拉和阿勒颇。伊拉克国内虽然没有任何敌对行动，甚至在巴格达将近 90 个街区里，生命仍在脉动，然而暴力和爆炸依然是日常生活的一部分。

下图：对伊拉克的一部分教徒来说，巴格达的伊玛目侯赛因清真寺是最重要的朝圣地之一。有大吊灯和瓷砖装饰的祈祷室内部非常华丽，完全可以与朝圣地麦加和麦地那媲美

西蒙修道院

卡拉布·沙姆斯曾经是早期拜占庭的修道院和现在的叙利亚北部的重要朝圣地。而它的所在地是柱子圣徒西蒙直到459年去世前生活的地方。在他去世后不久，一座宏伟的朝圣中心在这里动工。短短的15年时间，巨大的教堂设施建成了：一栋内部有18米高的西蒙柱子的八角形主楼和以十字形在东南西北各个方向伸出含有三道长廊的巴西利卡。你可以从它的南面穿过山脚下的柱子拱门走廊，去参观朝圣圣地。走过八角形的洗礼堂和朝圣者旅馆，你就到了主教堂的南门。这些文物依然证明着它曾经的美丽。

两幅下图和右图：在皇帝的支持下，圣西蒙曾经生活的地方迅速成为重要的朝圣地，因为，芝诺命人扩建了从安条克到代尔·塞曼的宗教仪式大街

叙利亚北部古村落群

叙利亚北部石灰岩山地上的橄榄种植给古老村落带来过一些繁荣。这个世界遗产包括了在8个考古公园中的40个村落以及类似于西蒙修道院那样的建筑群。在古代，人们称叙利亚北部的石灰岩山地为"贝罗斯"或"贝鲁斯"，这种山地的岩石上即使是最简单的建筑——石块四周不用灰浆的最佳技术——也相当结实，以至于考古学家今天在这个地区发现了独一无二的现象：几百个古代遗址被保存在一个大约150公里×40公里的地区内，于是，重建整个古代景观便成为可能。

那里的村落和小城镇曾经密集地居住着讲希腊语的上层阶级，从1世纪末到2世纪初，人们开始在当地耕种。

橄榄的种植给他们带来昌盛，发达的基础设施也保证了橄榄油的出口。新的富足同时带动了活跃的建筑业，即使是只有不超过几十栋房子的小村落，也会配备一个教堂和一个磨油作坊。直到此地被波斯人征服和7世纪初伊斯兰教传入，这些村落才逐渐成为废墟。

下图和右图：村落的废墟也被称为"死城"。不管从保存的状况来看，还是从开始于2011年的叙利亚内战来看，这都是一个恰当的名字

丝绸之路西段：南线 145

阿勒颇

　　拥有六千余年历史的阿勒颇（哈拉布）是世界上一直有人居住的最古老的地方之一。在它的老城区中有大量中世纪的伊斯兰学校、宫殿、商队驿站和浴场等建筑，其中有两座建筑古迹脱颖而出：一座是堡垒；另一座是初建于715年，在一场大火之后损毁，于1190年重建的倭马亚王朝时期的星期五清真寺。

　　公元前3世纪，塞琉古王朝重建此城，并在高原上建造了第一座城防工事。而今天我们所见的城塞则建造于13世纪后期。特别引人注目的还有一所于1124年从拜占庭式的教堂古迹改建而成的哈洛伊斯兰学校。自2012年以来，由于叙利亚的内战，阿勒颇一直处于激战之中，市中心几乎全部被摧毁。生活何时才能走向正常，至今尚无法预计。

左图：阿勒颇，叙利亚目前最西北的城市，位于古代商道的交叉路口，并早在公元前3世纪就已经有人居住。城市中曾经拥有各种不同文化的遗址。密如大海的房屋之间，狭窄的街道织成一张网

下图：内战之前，那里还有一些集市和东方市场（2014年被摧毁）

丝绸之路西段：南线

阿勒颇：大清真寺

　　大清真寺被认为是叙利亚早期伊斯兰时代最重要的见证之一。尽管如此，这座715年建造的倭马亚王朝的清真寺与比它年长十岁的在叙利亚首都大马士革的同名清真寺相比，却不是那么的出名。是因为它已经失去了原始建筑的模样这一事实吗？在历史上，它曾经历过许多次灾难的考验，例如地震和火灾以及1260年蒙古人的偷袭。因此，它被不断新建、增建和改建，这些都导致了清真寺的面貌发生变化。比如，它的宣礼塔建成于11世纪末。而对这一建筑的大规模修复工作，则是千禧年之后开始的，并使它恢复了昔日的光彩；但是，2013年的内战又给它带来了新的灾难：45米高的宣礼塔最终倒塌于不断的炮火之中。

两幅右图：这是一座拥有1300年历史的建筑，然而，战争不会在它面前止步。图片呈现出有两口井的内院，但如今它已是一片废墟，宣礼塔也已倒塌

阿勒颇：城塞

　　最早的在阿勒颇的城塞周围的聚居地痕迹，可能产生于公元前3000年左右。那时候，在这个地区已经出现了最初的人类文明。20世纪末，考古学家在城塞内发掘出一座纪念风暴神阿达德的神殿残余。

　　阿勒颇的城塞是世界上最古老的城防工事之一。巴比伦人之后，到过此地的还有波斯人、希腊人、罗马人、奥斯曼人和法国的殖民势力等。因此，这座古老的要塞几经破坏和重修也就不足为奇了。如今狭窄且有许多拐角的入口处依旧保持着13世纪的模样。然而，这里也同样充分体现出战争的破坏力，这栋历史建筑的损坏程度到底有多严重，目前尚不可知。

两幅右图：城塞立在50米左右高的山丘之上，因此它明显地高出阿勒颇的老城区。通往城塞大门的是一座宽大的跨越护城河的石砖拱桥

丝绸之路西段：南线

哈马

赛德纳亚

也许早在古典时代，哈马的一些巨大水车就已经在奥龙特斯河上转动了。但是，2014年，其中的一架水车在内战中着了火。哈马在几百年以前就已经遭到过一些破坏，比如在大清真寺的位置上，最初是一座罗马神殿，后来又是拜占庭的教堂。1982年，大部分历史悠久的老城区被夷为平地，此后，大清真寺又被费时费力地修葺一新。

两幅左图：哈马的那些木叶轮水车有20多米高，几百年来，它将水送到高处的水渠中。它是城市的地标

宗主教的驻地。

许多难民从首都逃了出来，赛德纳亚收留了他们，但该城市为人所知，主要是因为它的一座希腊东正教圣母修道院及其圣玛利亚朝圣教堂。但是，朝圣教堂于2013年遭到炮弹袭击而损坏。基督徒崇拜玛利亚圣像。如今这座现代的修道院最初的前身建造于547年。现在仍然有30名修女在此生活，她们管理着整个设施。

两幅左图：根据传说，这座圣母修道院的建造归功于查士丁尼一世。当年，他追捕的一头瞪羚突然转变成玛利亚幻影，并且命令他在那里建造一座修道院。"著名的女人"的画像被锁在一个凹壁之中

在叙利亚内战之前，这个大马士革以北的朝圣地是深受基督徒喜爱的旅游胜地。那里有许多修道院和教堂，当然还有古老的基督教埃利亚斯石窟。赛德纳亚的爱弗冷修道院是世界上最古老的修道院之一，如今它是安提阿牧首即叙利亚东正教会

丝绸之路西段：南线

大马士革

据说先知穆罕默德曾经拒绝访问大马士革,因为他不愿在进入天堂之前踏入其他任何一个乐园。尽管内战爆发、投掷炸弹和恐怖袭击给大马士革造成了一些破坏,但是城市依然保持着它诗意般的名字"沙漠钻石"的所有荣誉,特别是壮观的清真寺、色彩缤纷的集市和宫殿所在的老城区。

自8世纪以来,城市的景象一直受到伊斯兰教的影响。在倭马亚王朝的鼎盛时期,大清真寺于705年建造起来。作为最古老的伊斯兰祈祷场所之一,它不仅仅代表着倭马亚王朝的风格,而且也给伊斯兰建筑艺术指明了方向。

左图和下图：在历史悠久的倭马亚清真寺（见左图）附近有一些城市中著名的巴扎，尤其是那个有顶的哈米迪亚巴扎和形形色色的商铺（见下图），当然还有许多珍贵的伊斯兰建筑，例如一座建成于1154年的努尔丁医院、一所努尔丁伊斯兰学校以及萨拉丁陵墓（1193年）

丝绸之路西段：南线

大马士革：倭马亚大清真寺

年纪已经五千岁左右的大马士革属于世界上最年长的城市之一。8世纪初期，倭马亚家族建造了这座大清真寺，其中的祈祷大厅包括三个长廊。

珍贵的马赛克铺设在金色的背景上，灰泥浮雕和大理石装饰了有三扇大门的正门墙面。庭院的四周有拱廊围绕，院内还有一间用精美的马赛克装饰的藏宝之屋。清真寺内那口井的历史可以追溯到19世纪。

两幅左图：倭马亚大清真寺内有一座存放着施洗约翰头骨的棺木，还有一座棺木内存放着穆罕默德的外孙侯赛因的头骨

下图："贝特马尔"即藏宝之屋，它被精致的马赛克装饰出春意盎然的屋顶花园图案

丝绸之路西段：南线　155

大马士革：赛义达·鲁卡亚清真寺

不仅是巨大的水晶吊灯和精美的装饰，使得这座大马士革的清真寺显得如此别具一格，也是因为那里存放着一位圣人赛义达·鲁卡亚的坟墓，她是先知穆罕默德的重孙，也就是说，她是穆罕默德的女儿法蒂玛的孙女。法蒂玛的丈夫是阿里·伊本·阿比·塔利卜，他也是先知的堂弟和女婿，于信徒们而言，他扮演着一个神圣的角色。

阿里的儿子侯赛因·伊本·阿里与哈里发叶齐德一世发生了冲突，并在卡尔巴拉战役（680年10月10日）中丧生。叶齐德一世甚至还在战役后下令将战败者四岁的女儿赛义达·鲁卡亚投入监狱。她就在那里失去了生命，于是她成为了什叶派的先烈。

左图和三幅下图：金色和蓝色的装饰使得整座清真寺的内部闪耀着华丽的色彩。尽管现在的这座清真寺建于1980年代，但它一直以来是什叶派穆斯林的朝圣圣地。祈祷者通过栅栏将钱币扔到赛义达·鲁卡亚的坟墓边（见右下两幅图）。一道视线屏障将男女分开

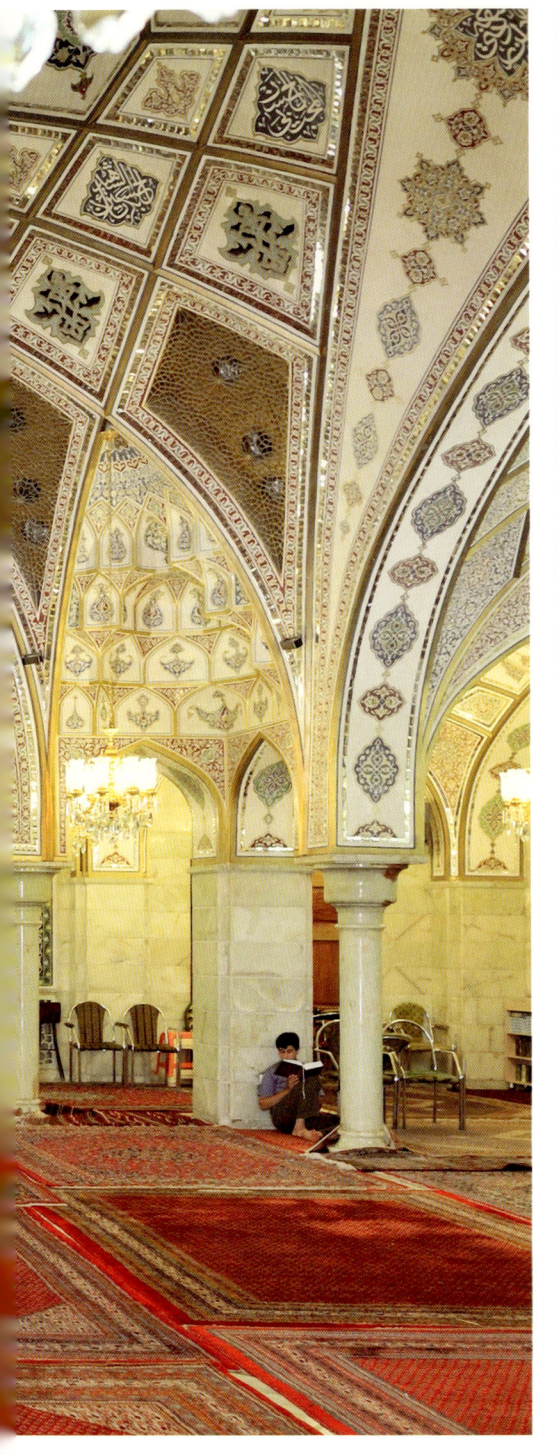

丝绸之路西段：南线

大马士革：哈米迪亚巴扎

在大马士革历史悠久的老城区，那里看似并没有战争，尤其是传统的哈米迪亚巴扎形成了一个几乎不受干扰的自我宇宙。这个巴扎以奥斯曼帝国苏丹阿卜杜勒·哈米德二世的名字命名，始建于13世纪，而且从此以后并未有多少变动，唯独木顶被换成了金属波纹板。巴扎最长的商业街有500米，它在通往过去的城市中心的木星神殿的古罗马大街上。在这个巴扎的主街上，人们可以找到出售东方饰品和服装的店铺，甚至还有一家叫巴格达什的咖啡店，它以卖开心果冰淇淋而远近闻名。巴兹里耶巴扎主要出售甜品和香料，自18世纪以来，阿兹姆宫和帕夏阿萨德驿站也属于巴扎所在的地区。

两幅右图：即使在战争和暴动时期，位于大马士革老城区心脏地带的中央巴扎依然有着日常的气息。这儿挂着或摆着饰品和实用品，当然还有各式各样的美味佳肴。大量的咖啡店给人们提供购物时的片刻休憩

大马士革：帕夏阿萨德驿站

帕夏阿兹姆是18世纪大马士革的奥斯曼帝国总督，他下令在巴兹里耶巴扎建造了这座东方的旅社——帕夏阿萨德驿站。这个位于阿兹姆宫附近的建筑总体是城市同类建筑中最大的一座。那里有9个同样大小的正方形建筑建在2500平方米的土地之上，其中8个有圆拱顶，它们由4根粗壮的柱子支撑。驿站的底楼用作仓库和马厩，客人的房间都在楼上。即使是在炎热的夏天，拥有圆拱顶和内院水池的驿站建造方式，确保了这里有适宜的温度。这栋建筑总体具有典型的大马士革黑白相间建筑艺术风格。如今它已经失去了最初的使用功能，而被用作一个文化场所，其中包括博物馆和一些举办展览和音乐会的空间。

两幅右图：晚上，来大马士革做生意的富商们常常会到倭马亚大清真寺附近的宏伟驿站去。这个圆拱顶结构的建筑总体在保护货物的同时也能让人免受光和热的影响

丝绸之路西段：南线 159

巴尔米拉

城市名字又被称作泰德穆尔的巴尔米拉位于大马士革和幼发拉底河之间。尽管这座贸易城市在罗马时代之前已经作为东西方之间的商路要道而具有重要的地位，但是，它的鼎盛时期随着在近东的罗马帝国势力的削弱而终结，走向了灭亡。

当卡拉卡拉皇帝将它征为殖民地时，这座绿洲城市取得了经济上的杰出地位。得益于巴尔米拉与丝绸之路的纽带关系，它的财富迅速增长。从267年起，统治巴尔米拉的是女王芝诺比娅，她将巴尔米拉依照罗马模式扩建成了一座宏伟的宫殿，与此同时，女王还将浓重的希腊化东方文化与帕提亚及罗马文化融合在一起。贝尔神庙、一条宽大的柱子街道、一家剧院、

一个集市和"坟墓谷"都见证了高度发展的艺术。

左图和四幅下图:2015年,这座废墟城的许多建筑和雕塑被炸毁。贝尔神庙(见左下图)和凯旋门(见左图)已被彻底摧毁

丝绸之路西段:南线　161

幼发拉底河

全长约 2800 公里的幼发拉底河是近东最长的河流，它由穆拉特河与卡拉苏河汇聚而成，而它的名字则来自古波斯语"胡佩热图阿"，意思是"易于渡越"。从东面流入幼发拉底河的穆拉特河，发源于安纳托利亚东部高山区的土耳其最高山脉大阿勒山（5165 米）。

幼发拉底河的上游标志着小亚细亚和美索不达米亚之间的历史边界。河流经过土耳其之后，又流经叙利亚的塔布卡水坝和伊拉克的几个水坝，然后，它与底格里斯河汇成在伊拉克与伊朗之间的阿拉伯河，并最终流入波斯湾。

作为古典时代一条重要的交通枢纽，如今只有一些小船能够行驶在长达 700 公里的幼发拉底河其中一段河道上。许多地方作为河流绿洲用于农业灌溉，比如种植棉花和谷类作物，为此也进行人为的河道改变。同时，这里还有一些捕鱼和养殖项目。联合国指出，

由于在过去的几十年中不断增加的取水量，幼发拉底河的河谷持续地发生变化。

两幅左图和下图：幼发拉底河与它的孪生河底格里斯河形成了两河流域。在河畔的废墟山丘上曾有过重要的城市，例如马里和巴比伦。有一座苏莱曼沙阿的陵墓在阿萨德水坝旁边（见下图）。由于叙利亚的内战，为了保护沙阿（约1178—1236年）的寿棺免遭战争的破坏，它于2015年被移至土耳其与叙利亚边境处

巴格达

即使处于恐怖和轰炸之下，伊拉克的首都仍然试图正常运转。在阿拔斯王朝的哈里发曼苏尔的领导下，于762年建立的"和平之城"巴格达，如今已有超过500万居民，他们分别居住在底格里斯河两岸的9个行政区中。最初这个城市被设计成圆形，并以哈里发宫殿和清真寺为中心。

由于巴格达位于众多的贸易路线的交会处，而且它的周围有许多肥沃的耕地，因此这座城市迅速发展兴旺起来。在曼苏尔的儿子登基之时，巴格达已有了相当大的规模。到了哈里发马蒙时期，它已拥有65000个公共浴池，同时它也是科技与艺术的安全庇护所。如今，巴格达依然是该国的政治中心，当然也

是该国的科技与文化中心。

左图和三幅下图：无论是宗教场所还是美食街，哪怕时常发生暴力和恐怖行动，在巴格达近 90 个街区中，生活依然脉动。当伊拉克战争结束、美国军队撤离之后，虽然恐怖袭击屡屡发生，但新鲜出炉的面饼和各式各样的香料销售依然充沛着这座城市的日常生活

巴格达：卡兹米耶清真寺

卡兹米耶清真寺有四座巨大的宣礼塔和一对金色的圆顶，它是曾经独立的、位于巴格达市中心以北五公里处的老城区卡兹米耶的象征，也是什叶派的主要朝圣地，因为，在这些 16 世纪的建筑群中存放着十二伊玛目派的两位伊玛目的坟墓：第七任伊玛目穆萨·卡兹姆和他的孙子，第九任伊玛目穆罕默德·塔基。

千禧年后不久，一场悲剧使卡兹米耶清真寺和与它同名的巴格达的一个城区闻名于世。当时，有相当一部分的朝圣者从阿德哈米亚，想要走到底格里斯河对岸的什叶派圣所去，然而由于拥挤，铁桥的栏杆松了，几百个人因掉入水中或因大规模恐慌而丧生。

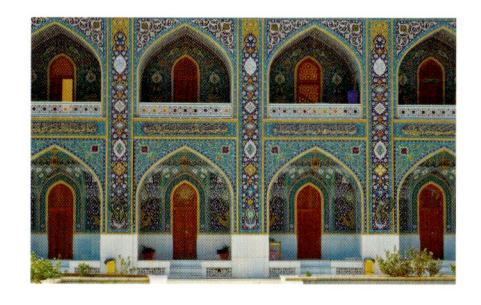

左图和两幅下图：谁要是从北面进入巴格达，在很远的地方，他就能看见气势庞大、有500多年历史的古老建筑群卡兹米耶清真寺。不过，它的金色圆顶瓷砖（见左下图）铺成于恺加王朝时期（自1796年起）。这个王朝的第一任君主是沙阿阿迦·穆罕默德·汗。从1870年起，清真寺的各部分逐渐得到修缮

丝绸之路西段：南线　167

卡尔巴拉：伊玛目侯赛因圣陵

下图：清真寺的每一个地方都装饰有大量色彩鲜艳的瓷砖或类似的装饰材料

塔伊波斯坦

在扎格罗斯山麓的一个神泉旁边，靠近通往巴格达的历史性贸易路线上的一个主要停靠站的地方，萨珊王朝为自己建造了一座具有代表性的夏宫"花园拱门"。这一建筑总体包括一大一小从岩石中凿出的大厅，顶部呈拱门形状，还有一系列内容丰富的石制浮雕。充满艺术性的浮雕展现了阿尔达希尔二世和沙普尔三世的加冕典礼。伊凡的侧面墙上还能看见库思老二世时期的狩猎场景：一幅是皇家追赶公猪，另一幅是围猎几头鹿。如今，这些塔伊波斯坦浮雕洞穴位于伊朗边境库尔德的大都市克尔曼沙赫的郊外，是最细致和保存最完整的萨珊艺术品之一。

下图与右图：在许多地方，萨珊王朝的统治者（3—6世纪）通过图像形式来强调他们的权势。这些作品涉及宗教趋势和皇宫的规模以及庆典和仪式的场面

比索通

比索通位于伊朗高原与美索不达米亚之间的贸易路线上。在那里的一块岩石壁上有一组浮雕，波斯国王大流士一世以此为自己竖立了一座宏伟的纪念碑。这组浅浮雕展现了向右远眺的大流士一世（公元前550—前486年），他在公元前521年登上波斯王位，随后立即下令雕刻这个浮雕。

浮雕上，大流士一世手持弓箭，象征着权力，左脚踩在一个平躺在他脚下的人的胸口上。有记载显示，脚下的人应该是梅迪安的祭司和王位候选人高墨达。大流士一世刺杀了高墨达，并以此为自己铺平了夺权之路。右边是一群叛乱分子，他们的手被绑住，脖子上系着绳子。碑文叙述了那场大流士一世在公元前521—前520年获胜的战斗。决战就发生在比索通。

下图：在比索通还有一幅浮雕，它展现躺着的赫拉克勒斯

右图：浮雕附近的沙阿阿巴斯商队驿站曾经是丝绸之路上的停靠站

丝绸之路西段：南线 173

德黑兰

　　一眼看去，拥有摩天大楼和高速公路的伊朗首都德黑兰，虽然是一座现代化的国际都市，但它依然保存着古老历史上的辉煌成果。曾经的城市中心距北部凉爽的高山地区刚好15公里多一点，那里有一座城堡和规模庞大的巴扎，要是坐地铁的话，不到半小时就可以到达。

　　如今的德黑兰也已经拥有4条地铁线，总长度超过100公里。当然开车会需要更多的时间，虽然已有多车道快速公路，不过，对于一个估计有900万人口以及周边地区还有1600万人口的城市来说，这也不足为奇。在德黑兰，如同在伊朗的其他城市一样，那些巨大的海

报让人想起不久前在历史上出现的统治人物、勇士和失败者。

下图：自1977年以来，已有缆车驶向约4000米高的雄伟的托查尔山脉，在这壮丽的山脉背景前，人们向往的德黑兰北部居民区依山而建

左图：现代建筑的见证之一是一座45米高的自由纪念塔（阿扎迪），它于1971年为纪念伊朗帝国成立2500周年而建。参观者可乘坐电梯到达观景平台

丝绸之路西段：南线

德黑兰

176　丝绸之路　连通伊斯坦布尔和中国西安的历史之路

下图：在德黑兰的城市景观中，人们至今依然能看到伊朗革命的传奇领袖鲁霍拉·霍梅尼

德黑兰：大巴扎

糖片、干酸奶球、番红花香料、开心果、细巧的编织艺术品、色彩鲜艳的女士内衣、银或铜制成的工艺品、围巾、布料、地毯、日用品、金首饰、鞋、纽扣、读书用品，甚至有当地人说，在德黑兰的大巴扎还可以买到不可能有的"鸡奶"。在这至今依然是世界上最大的有盖巴扎中，所有的东西都摆放或挂在大约一万间狭小的店铺里。

早在17世纪已经有游客描述了德黑兰的超级大巴扎。现在的庞大建筑体结构由无数的街道、巷子、有圆顶的十字路口以及圣殿组成，巴扎早在恺加王朝时期（统治期包括1794—1925年）已经形成，并且成为城市中的一个小城，不过在这里，传统与时尚的较量也

越来越激烈。

左图和四幅下图：简直难以数清，在伊朗首都约十公里长的大巴扎中的货物有多少品种。不过如今在他们的桌子上和店铺中有了更多的进口商品，传统的手工艺品正逐渐消失。在特殊的节假日里，所有的商店都会关上门帘，留给眼睛的只是对巴扎建筑的欣赏

德黑兰：戈勒斯坦宫

在德黑兰市中心的帕兹达·霍达地铁车站边上的公园中有一些水池和水渠，那里还伫立着戈勒斯坦宫（"玫瑰宫"），直到 1979 年，它一直是波斯统治者的宫殿。

1779 年，突厥族的阿迦·穆罕默德·汗（1794—1797 年在位）接管了该国的政权，并建立了执政至 1925 年的恺加王朝。1789 年，他将自己的宫殿迁移到当时微不足道的省级城镇德黑兰，并加冕自己为波斯沙阿。他的继承人法特赫·阿里·沙阿在萨法维王朝时期的阿巴斯一世（1571—1629 年）创建的公园内，建造了这座戈勒斯坦宫。法特赫·阿里·沙阿在他的旅游中，受到了欧洲建筑设计思想的影响，因此，这座雄伟的建筑将这些理念与传统的波斯艺术工艺结合在一起了。

两幅左图和三幅下图：传说中的孔雀宝座是一件在印度的战役中获得的装饰精美且珍贵的宝座，但它却失踪至今。法特赫·阿里·沙阿下令做一个新的孔雀宝座（见左图）。礼萨·沙阿·巴列维（1919—1980年）是最后一位在这座宫殿中生活的国王，如今的宫殿包括里面所有的物品都属于一家博物馆。自2013年以来，这座宫殿作为文化遗产被联合国教科文组织列入《世界遗产名录》

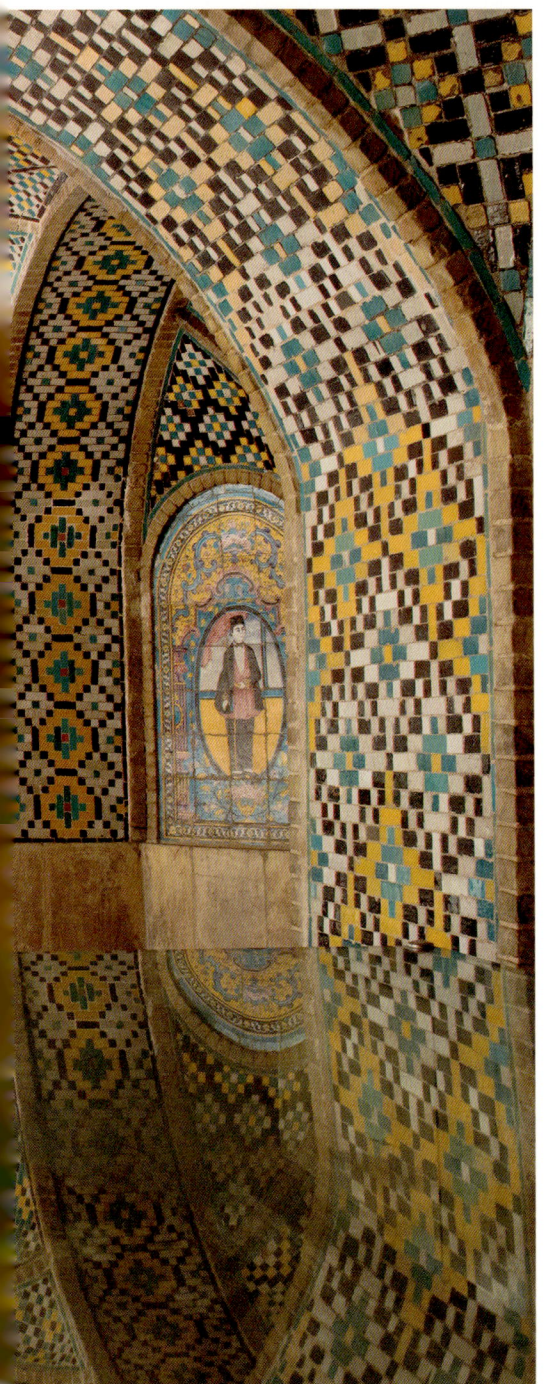

丝绸之路西段：南线　181

德黑兰：伊朗国家博物馆

德黑兰：革命纪念馆

182　丝绸之路　连通伊斯坦布尔和中国西安的历史之路

第一栋建筑于 1937 年开馆，设计师是法国建筑师、考古学家、艺术历史学家安德烈·戈达尔。当法国结束了在伊朗的考古垄断之后，安德烈·戈达尔担任了新成立的伊朗考古研究所的负责人。在博物馆中，人们可以看到从旧石器时代直到萨珊王朝的展品。

第二栋建筑竣工于 1996 年。这里的展品包括手工艺术品和伊斯兰时期的文献——从书籍手稿和微型绘画到陶瓷、金属制品和纺织品。属于博物馆内最古老的文物，是卡沙夫鲁德、达班和甘德·帕三个考古遗址中的一些发现和亚夫特山洞穴中的石器。

如今，伊朗历史的和考古的遗产都珍藏在两栋建筑之中，而它们的建造时间相差几乎整整 60 年。

两幅左图：伊朗国家博物馆的无数珍宝中还有波斯阿契美尼德王朝（公元前 550—前 330 年）时期所谓的宝库浮雕的一部分以及一个波斯波利斯的大流士一世的宝座浮雕（见最左图）

德黑兰有几百万人口，位于南部的主要公墓中的戈萨尔肖哈达是一座纪念馆，用来纪念于 1981 年 6 月 28 日去世的 70 多人。当时，一枚炸弹在年轻的伊斯兰共和党的总部爆炸，而该党领导人正在举行会议。伊斯兰共和党的领袖穆罕默德·贝赫什蒂和几十位他的政治同伴在这次袭击中丧生。坚定的改革政治家、艺术家和建筑师米尔·侯赛因·穆萨维设计了这座为纪念恐怖袭击死难者而建的纪念馆。在 20 世纪 70 年代末，他是穆罕默德·贝赫什蒂的支持者，后来他又在霍梅尼手下任总理。2009 年他参与竞选总统，此后，他发起了所谓的绿色革命。

左图：霍梅尼流亡返回后成立的伊斯兰共和党的主要代表们，在 1981 年的炸弹袭击中成为受害者。这座纪念馆位于德黑兰的主要公墓内，而此公墓是伊朗最大的墓地

丝绸之路西段：南线

库姆

据说，谁在库姆拥有发言权，他就决定着伊朗的政治。这座有百万人口的大都市位于同名河流的岸边，是伊斯兰教什叶派的圣城，这一点尤其在星期五和重要节日期间得到充分体现。在这些节日里，成千上万的朝圣者涌向这座城市。

法蒂玛·马苏玛是十二伊玛目派第八任伊玛目阿里·礼萨的妹妹，建在她的墓地之上的法蒂玛圣陵是伊朗第二重要的什叶派朝圣地。早在萨珊王朝时期就已经形成的城市，目前有两百多个文化资产，其中包括巴扎和鲁霍拉·霍梅尼的故居。

两幅下图：装饰精美、充满艺术性的伊斯兰建筑塑造了伊朗什叶派圣城库姆的中心

左图：在这座城市里生活的，除许多穆拉和他们的学生之外，还有在玻璃、陶器和纺织品工厂工作或负责销售日常用品的人

丝绸之路西段：南线　185

库姆：伊玛目哈桑·阿斯卡里清真寺

　　这座气势宏伟的清真寺的历史可以追溯到 3 世纪，不过，其原始结构已不复存在。今天在阿斯坦大街旁边的这个巨大建筑，它的外观足以给人留下深刻印象，进入其内部更是让人不知从何看起：非常漂亮的马赛克和绘画铺设在圆顶和墙壁上，尤其是这些马赛克都有具体的花卉图案，而且颜色也与砖木结构形成鲜明的对比。

　　在 9 世纪时，这座建筑的名字是星期五清真寺的意思。它现在的名字来源则应该感谢哈桑·阿斯卡里，十二位什叶派伊玛目中的第十一位。846 年，他出生在麦地那，年仅 28 岁就去世在萨迈拉。他的一生几乎与他的父亲一样，一直在软禁中度过。

左图：库姆市中心的伊玛目哈桑·阿斯卡里清真寺占地2500多平方米，入口处的一个巨大水池闪闪发光

两幅下图：附近有一个热闹非凡的市场，而最令人印象深刻的是这座清真寺的内部装饰，熠熠生辉的金色、绿松石色和宝蓝色装饰品尤为突出

丝绸之路西段：南线

库姆：法蒂玛·马苏玛圣陵

位于马什哈德的第八任伊玛目阿里·礼萨圣陵是什叶派首选的朝圣地，他是法蒂玛·马苏玛的哥哥；而于 817 年去世的法蒂玛·马苏玛的圣陵，则是伊朗什叶派最重要的朝圣地之一。它的金色圆顶是库姆的地标。这一从最早的墓地建筑发展起来的建筑群，今天已经占地约 14000 平方米（还没有算上两座清真寺）。

法蒂玛·马苏玛在去探望她哥哥的路途中得了病，但她还是到了库姆。早在穆萨·伊本·哈拉伊统治时期，这座葬着"无罪的人"的墓地已经对公众开放。在 9 世纪和 10 世纪时，法蒂玛·马苏玛的墓地发展成为一个被穆斯林顶礼膜拜的地方。圣陵如今的结构主要归功于 17 世纪时阿巴斯一世对它的扩建。

左图和四幅下图：银色的宣礼塔和金色的中央圆顶，法蒂玛·马苏玛圣陵从远处已给人留下深刻的印象（见左下图）。这座陵墓也被刻制在伊朗的50里亚尔硬币上。葬于这片辽阔地区的，除了十二伊玛目派的第八任伊玛目的妹妹之外，还有十二伊玛目派的第九任伊玛目穆罕默德·塔基的三个女儿

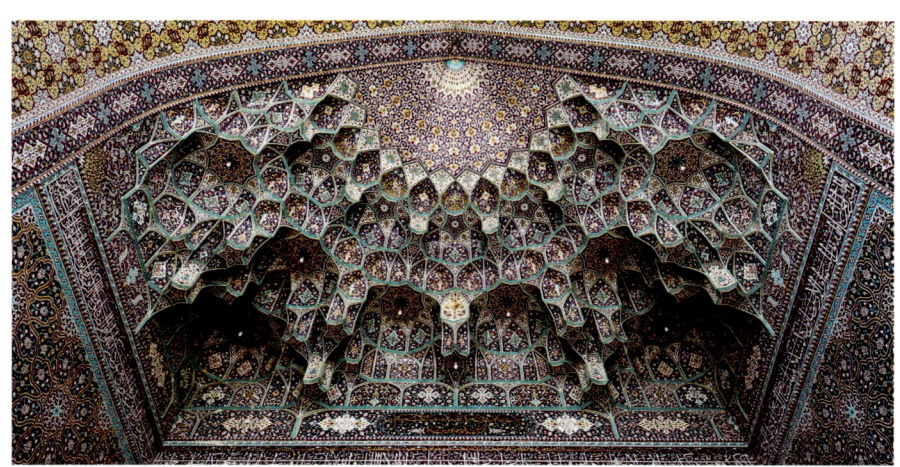

丝绸之路西段：南线　189

卡尚：奥高勃佐尔格清真寺

下图：奥高勃佐尔格清真寺的结构严格对称。穿过绿化带之后的内院犹如一片宁静的绿洲

丝绸之路西段：南线　195

卡尚：巴扎

800多年以来，卡尚的巴扎作为主要的货物集散地而为人所知，不过，它现在的建筑外观则是在19世纪形成的。用大量泥砖砌成的建筑群分布在多条街道上，它的特色是简洁低调的灰泥装饰和绘画，尤其是在那些高的有圆顶的庭院装饰中可见这样的特色，而巴扎的街道都交叉或终止于这些庭院。

在蜂窝状的天花板装饰上，人们往往可以发现相当大胆的图案，而与之相反的是那些在底楼甚至如今也在地下室中出售的艺术品和手工艺品，当然还包括各式各样的日常用品。总是会有一位店主愿意自豪地把喜欢攀岩的陌生人带到卡尚巴扎的圆顶阁楼上去，以便欣赏壮观的城市风景！

两幅左图和三幅下图：人们冷静地忙碌着生意，这就是卡尚庞大的巴扎中的景象。在这里，染毛线的和做面包的人都有自己固定的位置，如同茶室、古老的公共浴室、清真寺、伊斯兰学校、商队驿站和神奇的卖羊头汤的早餐铺子一般。圆的天顶，尤其是在庭院的高圆顶上的天顶，营造了巴扎内魔幻般的光线

丝绸之路西段：南线　197

卡尚：苏丹埃米尔·艾哈迈德浴室

进入了历史悠久的浴室大堂之后，就是一座通往天空的狭窄楼梯，当你沿着它的台阶上去，你就到了有许多土色壁炉和圆顶的地方，而每一个圆顶都由差不多 12 个如凸透镜般的圆形天窗组成。它们照亮了占地面积近 1000 平方米的大型浴室的许多区域。

浴室的主要区域是一些带水池的八角形更衣室和一个位于浴室中央的温水沐浴厅。在瓷砖（虽然有些损坏，但仍然是原始材料）之上的精美灰泥和石砖作品以及绘画装饰着房间的大部分区域。苏丹埃米尔·艾哈迈德浴室初建于 16 世纪，但如今的它是在恺加王朝时期的一次地震之后又被重建的。

两幅左图和下图：绘制得充满艺术性的穹顶和圆柱拱券，昂贵的大理石地面，白色、金黄色、绿松石色和天蓝色组成的色彩游戏，都让人在苏丹埃米尔·艾哈迈德浴室中眼花缭乱。尽管池中喷泉依然水花四溅，但这座曾经以加塞米浴池闻名的建筑，现在只作为博物馆使用

卡尚：布鲁杰迪宅院

作为结婚礼物，哈吉·梅迪·布鲁杰迪在19世纪时为他的新娘建造了布鲁杰迪宅院，她来自卡尚显赫的塔巴塔巴依家族。这位富商将这座巨大宅院的设计与施工交给了当地的建筑师乌斯塔德·阿里·马里亚姆。这位建筑师在十年前曾为布鲁杰迪未来的岳父母建造过房子，他也负责了卡尚大巴扎的阿米多多广场的建造。

由于巨大且豪华的灰泥饰品和绘画工作因为气候原因需要完成大量的细部结构，比如风塔，所以建造布鲁杰迪宅院耗时近二十年。布鲁杰迪宅院就像宽敞、庄严的塔巴塔巴依宅院一样，主宰着地震之后的卡尚建筑风格。

下图和右图：从1850年起，梅迪·布鲁杰迪在卡尚命人建造他未来的宅院。它如此豪华，仿佛它的主人不是商人，而是作为君王在此接见他的客人。在这些巧妙设计的宽敞房间里，他的新娘至少应该感觉自己仿佛就是在同样豪华的父母家中

卡尚：费恩花园

费恩花园是九座被联合国教科文组织列为世界遗产的"伊朗波斯花园"之一，位于市中心的西面，占地面积两万多平方米，同时被高墙和四座在各个角上的塔楼包围。附近的山脉滋养着它，使它得到足够的水源，比如萨罗门泉。

现在的花园结构是为沙阿阿巴斯大帝设计的。在萨法维王朝时期，它被改建成休闲花园，并在恺加王朝统治时期再次得到改建，但是现今的结构无论从绿化地带，还是从带着各种水景的大理石水池来说，大多保持了它原始的模样。一部分花园的建筑上有丰富多彩的图案，这些图案中有艳丽的花卉和几何图形甚至人物肖像。

左图和下图：天空和沙漠的颜色刻画在费恩花园的一些圆顶和墙壁上，当然还有统治者的威严和植物世界也通过艺术形象得到展现。1895 年，恺加王朝的国王沙阿纳赛尔丁将总理埃米尔卡比尔放逐到费恩花园，因为总理被认为是沙阿的王位竞争对手，据说，后来沙阿将他谋杀在花园的浴池中

丝绸之路西段：南线

伊斯法罕

有一句著名的波斯谚语，意思是"伊斯法罕半天下"。事实上，沙阿阿巴斯一世确实企图将他的帝国大都会缔造成17世纪时不仅最大也是最美的城市。因此，萨法维王朝的统治者下令建设这座城市。城市的主要建筑包括伊玛目清真寺、谢克洛弗拉清真寺以及现在位于市中心带巴扎的伊玛目广场。

如今，以前被称作国王广场的伊玛目广场和中世纪的星期五清真寺，都作为文化遗产被联合国教科文组织列入《世界遗产名录》。伊斯法罕可能早在公元前500年就已经建立。这个在扎因代河流域绿洲上的聚居点很快发展成为一座拥有杰出艺术与科学的城市。宽阔的林荫大道、茂密的绿化和大量历史性建筑塑造

了今天这座大都市的形象。

两幅左图和下图：伊朗的第三大城市（大都市地区约有230万居民）有许多雄伟的建筑，包括宏伟的伊玛目广场即历史悠久的"世界影像"广场及毗邻的巴扎，还有许多令人印象深刻的清真寺和宫殿以及11座跨越宽广的扎因代河的大桥

丝绸之路西段：南线

伊斯法罕：伊玛目广场

沙阿阿巴斯一世（1587—1629年在位）是一位致力于建设的统治者，他对自己的官邸进行了大规模的改建。在他的统治期内，伊斯法罕发展成为东方在文化上最具重要意义的城市。当时最主要的建筑项目是巨大的纳克什贾汉（"世界影像"）广场，后来改名为沙阿广场（国王广场），如今则被称为伊玛目广场。

世界上最大、最壮观的广场之一——伊玛目广场被总长约五百米的双层拱券走廊围绕。周边还有四座雄伟的建筑：南边是一座曾经被称为国王清真寺的伊玛目清真寺，东面有谢克洛弗拉清真寺，西侧坐落着阿里·卡普宫（"高大的门"），北方则有通向凯撒利赫巴扎的门楼。

下图：广场上最重要的建筑是伊玛目清真寺，它的四座高耸的伊万充分体现了伊朗"四伊万结构"的建筑理念，建于1612—1630年

左图：伊玛目清真寺和谢克洛弗拉清真寺、阿里·卡普宫以及国王的凯撒利赫巴扎都是广场周边最主要的建筑

丝绸之路西段：南线　205

伊斯法罕：伊玛目清真寺

在 1638 年竣工的伊玛目广场旁边的"国王清真寺"如今为了纪念鲁霍拉·霍梅尼已改名为"伊玛目清真寺"。之后，沙阿阿巴斯一世终于将他的官邸所在的城市伊斯法罕，建设成为一颗"东方明珠"。

穿过一座面向广场的伊万（一种三面有围墙的大厅，带有凹壁和类似于门的开口），它的穹顶呈钟乳石状，边上还有两座塔，人们可以走进被四座伊万围绕的清真寺中央庭院。当然，该建筑的和谐与优雅主要也是来自瓷砖装饰的光泽和图案，而后者又通过不同的蓝色调呈现出绚丽多姿的色彩。宏伟的清真寺拥有丰富的瓷砖装饰和小型马赛克，著名书法家阿里·雷扎担任了总设计师。

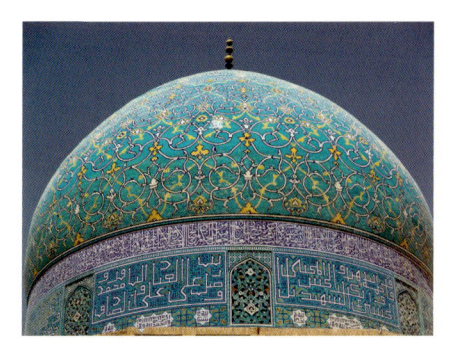

两幅左图和四幅下图：通往伊玛目清真寺的4座27米高的门楼特别绚丽（见左下图）。许多装饰如铭文和阿拉伯花纹需要感谢更加细致的彩陶技术的出现，这使得瓷砖图案能大面积地描绘或嵌入陶土之中。如此，多达7种颜色就可以同时进行处理，不会互相混合

丝绸之路西段：南线　207

伊斯法罕：谢克洛弗拉清真寺

伊玛目广场的大小是 560 米 × 160 米。1616 年，阿巴斯一世命人在它的长边，面对他自己的花园宫殿为他的家族造一座"私人清真寺"，并以他的岳父谢克洛弗拉的名字命名。在伊玛目清真寺建造之前，这座私人清真寺就是国王家族的祈祷场所。它有一个正方形的祈祷厅，圆顶呈半球形状。光线透过圆顶上的 16 扇窗照射进来，使得圆顶上精美的网状图案的瓷砖在一天中闪耀着多彩的色泽。由于清真寺必须朝向麦加，而国王广场却又与之成对角线，于是建筑师灵机一动，让礼拜大厅转 45 度角，然后造了一条通往宏伟的广场入口处的拱券走廊。

左图和两幅下图：礼拜厅的天花板和墙壁装饰着非常漂亮的马赛克，内部房间的光线则来自铺着蓝色与金色相间瓷砖的圆顶上的天窗

丝绸之路西段：南线 209

伊斯法罕：阿里·卡普宫

17世纪的最初计划是在这里建一座巨大的门楼和一个观赏平台，用作通往沙阿的花园宫殿的通道，因此这栋建筑也有了别名"高大的门"——阿里·卡普。事实上，它却在施工过程中逐渐发展成为一座宫殿。最初的5层应该是奉沙阿阿巴斯一世之命在萨法维王朝时期建成的，但也有一些历史学家认为，帖木儿时期已经在此地建造了建筑，而沙阿阿巴斯一世只是在此基础上将其扩建到了5层高。如今这座气势宏伟的7层建筑有48米高，其内部拥有许多壁画，出自沙阿阿巴斯一世的宫廷画家雷扎·阿巴斯和他的学生之手。值得一看的是一个音乐室和在第三层的大礼堂。

最左图:从伊玛目广场看阿里·卡普宫的正面,你会觉得它像一座通风的亭子

左下图和左图:在第六层音乐室的石膏墙壁中,不单是出于美观而做了一些凹壁,将一些瓶罐图案镂空,这别致的墙壁结构也使得音响效果更加出色

丝绸之路西段:南线

伊斯法罕：郝久古桥

伊斯法罕总共有 11 座横跨扎因代河宽阔河床的大桥——当然，现在大部分河床已经干涸——郝久古桥就是其中之一，它与不远处的"斯奥谢泊"（三十三孔桥）一样，禁止车辆通行，因此它们作为闲情逸致的好地方而有了较高的人气。

郝久古桥大约是 1650 年在一个帖木儿时期的桥基上建造而成的，第一次维修则是在 1873 年。这座两层高的建筑约 130 米长，近 12 米宽，有 23 个砖砌桥拱。因为在桥拱上装了闸门，所以在必要时，大桥能拦截河流，使其有两米高的落差。沙阿阿巴斯二世曾经在桥中央装饰精美的娱乐亭中欣赏河上与河里的娱乐比赛。

左图和下图：在郝久古桥下层昏昏暗暗的砖砌桥拱中，不仅有伊斯法罕的年轻人会经常聚在一起，到了星期五或节假日的晚上，也会有不同年龄层的人来这里娱乐，享受日落时闪烁的金光或观赏历史悠久的双层桥上建筑的灯光

丝绸之路西段：南线

卡维尔盐漠

被称为大盐漠的干旱地区绵延在伊朗的北部。卡维尔盐漠的西南和北面被高山如扎格罗斯山脉和厄尔布尔士山脉拦截。这些山脉遮挡了降雨。大荒漠占地约7.76万平方公里，它的西北边缘已经扩张到了首都德黑兰郊区。盐田和盐湖是普遍现象，也有一些单个的盐山丘会高出荒地几百米。

尽管如此，在荒漠和草原地区依然存在着生命：你会遇到野山羊、野羊、条纹鬣狗、瞪羚、印度狼、亚洲猎豹及波斯豹。根据最新的科学发现，这里总共有30多种哺乳动物、20多种爬行动物和130多种不同的鸟类。

左图和下图：卡维尔国家公园建成于1976年，它位于卡维尔盐漠的西部边缘，在公园辽阔的区域内，大自然用石与盐的沙漠景观展现出令人惊叹的形状和色彩。大量的动物和植物同样令人惊诧不已。然而，在这以荒凉的美丽刻画出来的地区，目前有一些大的采油项目将加快它的盐化速度

卡维尔盐漠

下图：盐壳覆盖了逐渐扩张的卡维尔盐漠的大部分区域。伊朗北部荒漠大部分地区尚未得到探索

马什哈德

伊朗第二大城市，被认为是该国最神圣的地方。因为，有了第八任伊玛目阿里·礼萨的圣陵，马什哈德就成为了在伊朗国土上唯一一座拥有什叶派伊玛目陵墓的城市。如今，马什哈德的人口已经超过250万，但是，每年还有两千万朝圣者和游客来到此地，其中还有许多年轻夫妇。他们希望通过对圣城的拜访给自己的婚姻带来特别美好的祝福。

15世纪，高哈尔绍德公主在今天的伊玛目礼萨圣陵区内建造了一座清真寺，而对年轻夫妇来说，这就是爱的伟大象征。在纳迪尔沙·阿夫沙尔在位时期（1736—1747年），马什哈德在政治上也具有重要意义。被谋杀的君王的墓地是今日现代的博物馆设施

的一部分。纳迪尔沙阿的儿子在得救之后，曾经以"泽蒙的男爵"身份生活在维也纳。

左图和下图：作为圣地之一，马什哈德每年都吸引着数百万朝圣者。18世纪时，马什哈德甚至一度成为沙阿的官邸，但很快就不得不将这个权力交还给德黑兰

马什哈德：伊玛目礼萨圣陵

与在麦加的禁寺和在麦地那的先知寺一样，围绕着十二伊玛目派第八任伊玛目阿里·礼萨墓地的建筑总体，是世界上最大的清真寺设施之一，从 9 世纪起逐渐形成。拥有七座配置着宣礼塔的内院和圣陵的建筑总体面积甚至大过梵蒂冈，仅仅这座圣陵的面积就相当于两个足球场的面积总和。

伊玛目礼萨于 818 年去世，据传他被哈里发马蒙用酷刑折磨而死，并葬在马蒙的前任哈里发哈伦·拉希德的旁边。从此，该事发地被称为马什哈德阿里之地（"先烈阿里之地"），并成为圣地。伊玛目礼萨圣陵也成为 100 里亚尔硬币背面的图案。

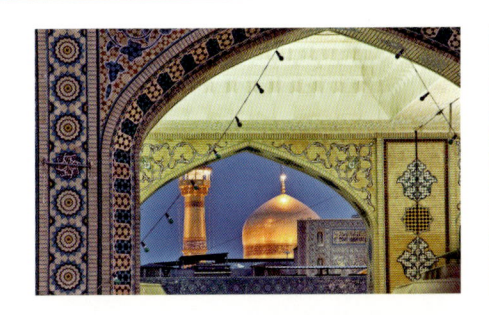

两幅左图和下图：自中世纪以来，围绕着伊玛目礼萨圣陵的地区就已经发展成一座真正的小城市。原来有金色圆顶的陵墓（见左图）的东面是阿拉威尔迪汗的墓地。这个八角形的房子有两层，带有走廊、凸窗和拱券装饰，并且每一个平方厘米都采用萨法维人的精细马赛克作品来覆盖

丝绸之路西段：南线

马什哈德：伊玛目礼萨圣陵

下图：墓地在遭受战争的摧毁之后，于十五六世纪得到大规模的扩建

梅尔夫古城

早在古波斯文献中就已经被提到过的梅尔夫，曾经是古波斯阿契美尼德王朝国王的官邸城市。公元前4世纪，波斯帝国消亡于亚历山大大帝的领地之中。在阿拉伯人的统治下，这座位于丝绸之路上的贸易城市于7世纪被重新建设，并成为呼罗珊地区的首府。

12世纪，梅尔夫在塞尔柱苏丹桑贾尔和他的继任者的统治下达到了自己的顶峰，他们将城市扩建成宏大的官邸，并在其周边建造了一些要塞。但是，鼎盛期只维持了很短的时间，1221年蒙古人摧毁了这座城市。一座幸存了几个世纪的宏伟建筑是12世纪建造的苏丹桑贾尔陵墓。

两幅左图和两幅下图：绿洲城梅尔夫地处卡拉库姆沙漠之中，是土库曼斯坦最重要的文化资产，曾经是多个帝国的首都。城市遗址保存了约四千年的历史信息。如今，只有曾经的处女要塞埃尔克堡的一些围墙依然耸立于此（见左下图）。苏丹桑贾尔陵墓的圆顶（见右下图）最初覆盖着绿松石色的砖

丝绸之路西段：南线

丝绸之路中段

称之为"丝绸之路"的历史道路主要是指经过三个最主要的亚洲文化地区——伊朗、印度和中国的路线。它们与高山、草原和沙漠相伴，并且有一些分支。由于路线太长，因此人们通常又将丝绸之路分为西段、

中段和东段。其核心部分（丝绸之路中段）西起伊朗东部高原和梅尔夫古城，直到东面的戈壁沙漠和中国敦煌市。一条南方支线则通往克什米尔和白沙瓦。

下图：中亚地区的国家至今还经常在消费丝绸之路带来的财富，因此他们保存了一些重要的文化宝藏，例如，在乌兹别克斯坦的撒马尔罕，城市中心的雷吉斯坦广场周围拥有几座宏伟且充满艺术气息的建筑

布哈拉

在公历纪元后最初的几个世纪里，布哈拉变得富有且具有重要意义，因为丝绸之路将它与中国、印度和罗马连接起来了。一些文化资产也同样通过贸易路线得到传输。这座城市经历过两次鼎盛时期：从9世纪到10世纪的萨曼王朝统治期和16世纪。在许多雄伟的伊斯兰学校和清真寺的基础上，这里又建造了一些别具一格的圆顶建筑。

在历史古城核心萨克利斯坦的边缘耸立着雅克城堡。布罗·哈兹清真寺则被看作是抵抗西方宗教势力的象征。10世纪的伊斯梅尔·萨马尼陵墓作为不多的几个中亚建筑幸存于蒙古的征战中，这栋装饰有图案的黏土建筑将独特的简约和美丽融为一体。

下图：显而易见，一些绿松石色的圆顶、宏伟的门楼（即所谓的"皮施塔克"）和喀龙宣礼塔塑造了老城区的景观。建于12世纪、高达46米的宣礼塔是布哈拉的地标，但是，历史上，也有死刑犯会从塔上被推向死亡

左图：现在作为大学使用的米尔阿拉伯伊斯兰学校建于16世纪

布哈拉：雅克城堡

最初的城堡的历史可以追溯到公元前 4 世纪。拥有一堵高黏土墙的雅克围住了呈阶梯形状和约达四万平方米的区域，城堡中有完整的城市设施：马厩、仓库、作坊、祈祷场所、坚固的地牢，甚至还有铸币厂。但随着时间的推移，许多建筑被摧毁和重建。比如，人们会发现一个 17 世纪的音乐厅和一个会客厅，它们位于城堡入口处两座塔之间的走廊后面。

在城堡的楼上有埃米尔或可汗的加冕礼堂，也就是在加冕仪式上用于签字和记录的大厅，还有一个三边用所谓的"阿尤瓦那"即柱子檐廊围绕的宽敞内院。一些高的木屋檐上画着精美的图案，在其中一边的檐廊上还有"塔赫特"——一个 1669 年的大理石宝座。

左图和下图：在一个于几个世纪中不断被摧毁和重建，并上升到约20米高的山丘上，耸立着这座雅克城堡，它是布哈拉统治者的重要官邸。20世纪初，城堡的木结构在大火中被摧毁，不过它又被严格依照原始设计图重新修葺

布哈拉：喀龙清真寺和米尔阿拉伯伊斯兰学校

喀龙清真寺包含着 12 世纪时的建筑元素，并在 1514 年以帖木儿风格建成。内院可容纳一万名信徒同时祈祷。祈祷凹壁和镶嵌马赛克的高大门楼尤其令人印象深刻。清真寺通过一座桥与 46 米高的喀龙宣礼塔相互连接，宣礼塔在蒙古人到来之前就已经建成，并被认为是布哈拉的地标。它由阿尔斯兰汗于 1127 年完全依照中亚地区典型的建筑风格设计，也就是说，它的塔身在向上的过程中逐渐变瘦，然后上面再加一个灯笼形状的顶。塔身上有 14 个砖砌的宽带圈，每一个圆圈都有不同的几何图案。清真寺的对面是米尔阿拉伯伊斯兰学校，它建成于 1530—1536 年之间。这所学校可能是受谢赫阿卜杜拉·亚马尼的委托而建造的。

下图：在苏联时期，米尔阿拉伯伊斯兰学校曾经是最重要的伊斯兰教育机构之一，现在它依然作为伊斯兰高校使用，因此人们不能参观它的全部（见图片左侧）

左图：马赛克和壁画都装饰着蓝白相间、非常接近自然的植物图案，另外还装饰有彩色砖

丝绸之路中段

布哈拉：阿卜杜勒·阿齐兹汗伊斯兰学校

阿卜杜勒·阿齐兹汗伊斯兰学校和乌鲁伯格伊斯兰学校，几乎就是一幅画与它的镜像。它们面对面组成一个整体，站立在老城区的中心。它们共同实现了所谓的"柯什原则"，这是唯独存在于乌兹别克斯坦建筑中的对称原则。柯什原则规定，在一个地方面对面的两栋建筑的大门必须相互协调。这种不同寻常的对称将给建筑物之间的空间带来非常特别的和谐。因此，当这所伊斯兰学校于17世纪中叶，在同名的可汗阿卜杜勒·阿齐兹的统治期内建造时，雄伟的大门墙壁就必须根据上面提到的对称原则，适应自15世纪就已经存在的乌鲁伯格伊斯兰学校。

右图：入口处突显的尖拱券，不仅被装饰成钟乳石形状，而且还绘制着花卉图案和抽象图案

布哈拉：波洛·哈兹清真寺

波洛·哈兹清真寺耸立在雄伟的雷吉斯坦广场附近，它可能是为了纪念统治者阿布·菲德汗的母亲于1712年建成的。也有资料显示，它是埃米尔沙赫穆拉德为将其作为公众祈祷厅而建。波洛·哈兹的意思是"儿童池塘"，名字源自一个大的池塘，如今的池塘依然在清真寺内院中占据重要位置。一些庞大的列柱走廊围绕着池塘，不过它的柱子却显得非常纤细。20世纪初，在清真寺的东墙上造了一座伊万，并用了大量的瓷砖和饰有钟乳石状的抽象图案作为装饰。

右图：波洛·哈兹清真寺的顶以它细腻的彩色马赛克装潢给人留下深刻印象
下图：被非常细的木柱支撑着的顶，仿佛即将飘浮起来

丝绸之路中段　235

布哈拉：四塔伊斯兰学校

哈里发尼加兹库，一位土库曼血统的富商，被认为是建造这座雄伟建筑的出资人。这座建筑是布哈拉的地标之一。塔吉克语中的"查哈尔·迷诺儿"的意思只是"四座宣礼塔"，但它的形状却是在当地极为罕见的。据说，它是以印度阿格拉的泰姬陵的结构为范本来设计和建造的。

事实上，这里指的是建于1807年的建筑整体中的伊斯兰学校过去的门楼，而这所伊斯兰学校还有一个比较舒适的内院、一座桥和一个夏季清真寺。哈里发让人在传统居民区的巷子中用泥砖和彩釉瓷砖建造这个门楼。今天，存留的四座塔楼以及它们装饰浓重的尖形拱券，依然伫立在一块不大的被树木围绕的地方。

左图和下图：望着在布哈拉东部地区的四塔伊斯兰学校，游客也许会以为自己是在印度的北方邦，而不是乌兹别克斯坦的绿洲城。因为这座建于19世纪初的建筑整体偏离了惯用的设计语言，这四座宣礼塔更像塔楼。过去它们是一所伊斯兰学校的一部分

布哈拉：斯托莱·默伊·克萨（埃米尔夏宫）

位于城市北部地区的建筑群埃米尔夏宫其实是由两座宫殿组成：建于 1892 年的阿卜杜·阿哈德汗宫和建于 1917 至 1918 年之间的萨伊德·阿利姆汗宫。前者是具有布哈拉房屋风格的一到两层的建筑，分为三个部分。年轻的萨伊德·阿利姆汗宫则拥有接待厅、起居区、寂静的内院、凉廊以及一个仓库。

现在的宫殿内有一家实用艺术博物馆，收藏了一些漂亮的手工艺术作品。比如在"白色大厅"的墙上粘贴着具有传统网格图案的镜子，设计师是著名的布哈拉艺术家施林·穆拉多夫。博物馆有两个大厅，其中一个展示着统治者的金丝袷袢，另一个展出一部分从宫廷得到的礼物中挑选出来的艺术品。

左图：布哈拉最后一位统治者的夏宫位于城门外四公里处，它是一座被几个庭院围绕的大花园。这座华丽的小宫殿带有池塘和庭院，其名字的意思是"月亮与星星相会的地方"

下图：宫殿内装饰精美

撒马尔罕

关于撒马尔罕的第一个文字记载可以追溯到公元前 329 年，亚历山大大帝占领了过去被称作"马拉卡达"的地方。那时，在这座位于泽拉夫尚河河谷的绿洲城市中，贸易、手工业和文化已经欣欣向荣。从公元前 1 世纪开始，当丝绸之路将中国与地中海连接起来之后，撒马尔罕成为了各种文化的交点。

这座富裕的贸易城市曾经被不同的民族和王朝征服，其中包括阿拉伯人、萨曼人和塞尔柱人等，最终在 1220 年，它被成吉思汗的部队摧毁。1369 年，蒙古统治者帖木儿将撒马尔罕设定为他的帝国首都，并命令当时最好的艺术家、建筑师和科学家们必须将城市建设得绝无仅有的宏伟壮观。他的孙子乌鲁伯格继续了帖木儿的伟大作品。

左图和下图:丝绸之路上的绿洲城市撒马尔罕在伊斯兰艺术和文化杰作中熠熠生辉。中亚最雄伟的地方之一是雷吉斯坦广场,它是撒马尔罕的心脏。建造于15世纪至17世纪期间壮观美丽的乌鲁伯格伊斯兰学校、季里雅-卡利伊斯兰学校和谢尔多尔(狮子)伊斯兰学校围绕着广场(从左至右)

撒马尔罕：季里雅-卡利伊斯兰学校

这是一座仿佛在《一千零一夜》梦幻世界中的建筑，它被宝蓝色和金色的色彩所环绕。这所学校与15世纪的乌鲁伯格伊斯兰学校、17世纪的谢尔多尔伊斯兰学校共同组成了雷吉斯坦广场上的建筑总体。雷吉斯坦广场的意思是"沙子广场"，原因是当时在这个位置上只有一片河床，但水已经干涸而存留下大量的沙子。

季里雅-卡利伊斯兰学校是受撒马尔罕的统治者亚琅图斯·巴克霍杜尔的委托，于1646—1660年建造的，它是三所伊斯兰学校中最后竣工的一所。不过，相比于另外两所学校，撒马尔罕的居民在他们350年的历史中，并未将其作为高校使用，因为它有一个大的祈祷空间，所以被用作星期五清真寺。自苏联时期开始，它只具有博物馆的功能了。

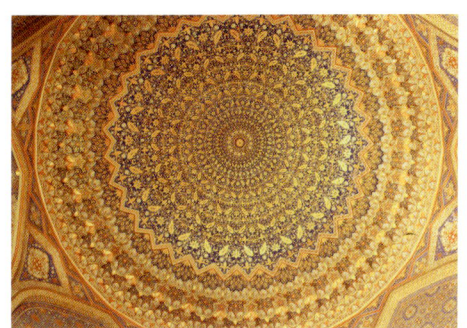

两幅左图和下图：这所季里雅－卡利伊斯兰学校建成于17世纪，在乌兹别克斯坦语言中，其名字的意思是"撒上金粉的"，自1970年起，祈祷场所被修葺。如今，它的伊万、圆拱与穹顶一样闪烁着绚丽的金光，它的装饰也是雷吉斯坦广场总体建筑中最珍贵的

撒马尔罕：季里雅 - 卡利伊斯兰学校

下图：季里雅－卡利伊斯兰学校建成于 1650 年左右，闪耀着金光的内部空间也被作为星期五清真寺来使用

撒马尔罕：谢尔多尔（狮子）伊斯兰学校

伊斯兰教在原则上严格禁止人与动物形象的表现，但在建筑艺术中也有少之又少的特例，比如在撒马尔罕的谢尔多尔（狮子）伊斯兰学校，甚至没有将细部隐藏起来，而是在门楼外墙的上部将它们充分地表现出来。墙面的左右两边各有一头类似老虎的大猫，它们正在追赶一只羚羊。它们之上是守护着世界的太阳，而太阳又有着古代蒙古人像画上的面容。这不同寻常的动物图像也使得这所学校得到了自己的名字，因为谢尔多尔的意思就是"举起狮子"。这所伊斯兰学校被分作几个阶段，建造于1619—1636年之间。

下图：根据"柯什原则"，谢尔多尔（狮子）伊斯兰学校自己本身拥有对称的外墙，同时也是在它对面的乌鲁伯格伊斯兰学校外墙的镜像。在这两座伊斯兰学校中的宣礼塔构成它们正对着雷吉斯坦广场的角

撒马尔罕：乌鲁伯格伊斯兰学校

在雷吉斯坦广场的三栋建筑中，乌鲁伯格伊斯兰学校是最古老的一座，也是中世纪伊斯兰世界中最好的大学之一。它是1417—1420年之间，根据帖木儿帝国的国王乌鲁伯格（1394—1449年）的指示建造的，而国王本人也同样是一名学者。

当时，富裕家族的儿子们都在伊斯兰高校读书，而且学习时间很长，至少十年，除宗教以外，还需学习自然和人文学科。乌鲁伯格本人曾经在伊斯兰学校教书，而且教授的是数学和天文学科。后来的博学家阿卜杜勒·拉赫曼·雅米（1414—1492年）也是这所学校的著名学生。

下图：教育是国王乌鲁伯格关心的事："宗教如雾扩散，帝国自我毁灭，而学者的工作永世传承。追求知识是每个人的责任！"

撒马尔罕：比比哈努姆清真寺

　　这座巨大的建筑竣工于 14 世纪末，就像在乌兹别克斯坦常有的事那样，围绕着这座清真寺也有一个传说：比比哈努姆是帖木儿帝国奠基人帖木儿最心爱的妻子。在她丈夫出征的时间里，她监管着清真寺的建造工作。传说在施工过程中，建筑师爱上了美丽的比比哈努姆，而且这份爱如此之强烈，以至于他说如果她不让他亲吻的话，他将拒绝继续工作。但是，当他们亲吻的那一刻，她却将一只垫子放在了自己的面前。可是，这个吻如此之热烈，导致垫子燃烧起来并留下了一个印迹。此事自然是激怒了比比哈努姆的丈夫，建筑师不得不逃亡。这个神奇的故事还说到，建筑师为自己做了一对翅膀，然后从最高的宣礼塔上飞向了远方。

两幅左图和下图：在这座清真寺刚刚竣工时，它是世界上最大的一座。虽然工程比较迅速地完成了，但此后不久，砖和瓷砖就已经开始松动和掉落，到了20世纪初，它已经基本倒塌。今天，在修葺之后，建筑物的许多部分又展现出新的辉煌，但是在其他一些部位，大自然又夺回了它的地盘

丝绸之路中段 249

撒马尔罕：古尔埃米尔陵墓

从 1404 年起，这座陵墓就堪称是帖木儿时期发展起来的、特殊的双层圆顶结构的杰出典范。古尔埃米尔的意思是"君主之墓"，但事实上这座宏伟的陵墓却是因为帖木儿的孙子苏丹穆罕默德（卒于 1402 年）的去世而建造的。穆罕默德原本应该可以成为王位的继承人。

帖木儿是于 1405 年在讹答剌去世的，他的儿子们决定将他葬在他的孙子旁边。还有一些家庭成员和统治者身边的重要人物，后来也在这个大圆顶下找到了他们的安息地。坐落在一个高大的圆筒圈上的圆顶很有特色，它的形状如同一个瓜，表面上有许多条纹。最初的陵墓是包括内院、祈祷场所和伊斯兰学校的建筑总体的核心，然而遗憾的是，这些建筑未能以原始模样得到保留。

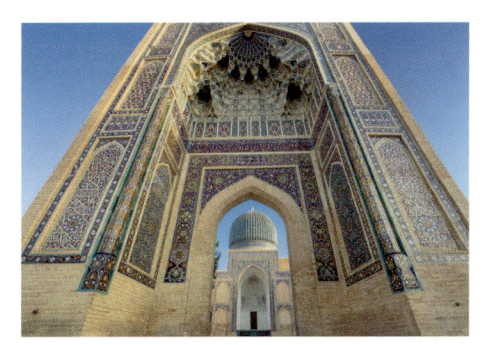

两幅左图和下图：在帖木儿诞辰660周年之际，古尔埃米尔陵墓于1996年被大规模修复。不过，在修复工程中，建筑整体的原始特征依然得到了保留。因此，在内部的原始色彩上，仅仅采用一层薄的保护膜进行覆盖。今天，人们甚至依然能欣赏到15世纪美丽的大理石条纹艺术作品

丝绸之路中段 251

帖木儿

帖木儿带着他的骑兵征服了从蒙古直到地中海的亚洲大片土地。他是突厥化蒙古人的后裔,但他把自己看作是真正的成吉思汗的后人。但是,他缺乏成吉思汗的政治智慧。

帖木儿出生在如今的乌兹别克斯坦的沙赫里萨布兹,他身有残疾,这一点可以从他的名字"瘸子"上看出(绰号"帖木尔兰"意为"跛足帖木儿")。帖木儿帝国的首都撒马尔罕也同样在乌兹别克斯坦。

撒马尔罕是丝绸之路上古老的贸易中心。帖木儿和他的继承人召集起最好的建筑师和艺术家,许多别具风格的建筑在此诞生。

左图和右下图：古尔埃米尔陵墓，帖木儿的石棺存放其中，还有他的儿孙们、他的老师和几位官员也葬在这里。陵墓竣工时国王还健在，豪华的内部装潢全部使用金色和蓝色

左下图：陵墓中有一幅帖木儿的肖像

丝绸之路中段 253

撒马尔罕：夏伊辛达陵墓

夏伊辛达陵园是亚洲最著名的陵墓之一，位于撒马尔罕的东北角。它的名字源于一个传奇：夏伊辛达的意思是"永生的国王"，指的是先知穆罕默德的表弟库萨姆·伊本·阿拔斯。据说他的亡灵在陵墓的地下空间里游荡，但这更可能是帖木儿想要利用这个故事来巩固自己的领导地位。大多数坟墓并不是出自早期的伊斯兰教，但它们的历史至少可以追溯到14、15世纪。每一座帖木儿时代的墓碑都有不同的装饰，有些是马赛克的，有些是所谓的"马约里卡"，即在粗陶上涂了一层白色锡釉之后再进行绘画，这种技术可以使色彩保存几百年。

左图和两幅下图：壮观的夏伊辛达陵墓位于撒马尔罕郊区，这是一个拥有许多墓地的朝圣地。青绿色与蓝色的"马约里卡"是乌兹别克斯坦建筑的典型元素，在这里到处可见。一条小径在长达两百米的陵园中把你带到最老的一座陵墓，它位于陵园顶部的北侧

丝绸之路中段

浩罕

　　这是一座位于丝绸之路的重要交会点之一的贸易城市，它至少已有一千岁了。从费尔干纳盆地西南的浩罕开始，丝绸之路有了一条向北的支路，其方向是塔什干。第二条支线则向西穿越苦盏。

　　浩罕的兴旺时期是 1740—1876 年，在此期间它也是与其同名的浩罕汗国的首都。新的城市建造在它前身的一座要塞遗址上，并于 1732 年已经萌芽。为了衬托那位浩罕汗国的新君主，于是城市摒弃了自己的旧名霍克肯德。被一些人称为"风之城"的浩罕，曾经同时是费尔干纳盆地的政治和宗教中心，拥有三百多座清真寺。今天，浩罕的主要景点是贾米清真寺和胡达雅尔汗宫。

下图和最左图：在浩罕的许多地方，如同在达玛·舍洪陵园中，那些木头与石头上非常艺术的线条和复杂的色彩，展现给细心的游客的，是很早就出现的城市文化的繁荣景象。感谢他们的建筑师和工匠的精湛技术，这里常常会出现令人惊讶的景观

左图：传统的茶室

浩罕：胡达雅尔汗宫

起初，这是一座建造于1871年的最后几位君主的宫殿，它的占地面积约4摩尔干，相当于10000平方米。它建在3米厚的地基上，而地基又被凿石堆砌的墙壁围住。在高大的门楼（上面刻着"大赛义德·胡达雅尔汗"）后面有一片很宽敞的区域，包括4座宣礼塔、7个庭院和113个房间，但其中仅有19个居室、大厅和小屋子被保存了下来，现在作为博物馆使用。

据传，至少有80位建筑师对这宏伟宫殿和它的精致装饰的设计工作负责，从色彩搭配到大量灵感来自东方古典的图案，而这些图案中不乏几何图案、阿拉伯式花纹和花卉图案。16000名工人将统治者的想法变成现实。

左图和下图：即使只是遗留下来的那些汗宫庭院和房间，但在2008年修复之后，它们从里到外依然能让人欣赏到美丽的景色。博物馆收集了城市及整个地区的一些历史的和当代的展品。行走在圆拱券走廊和墙壁的花卉图案前，你仿佛置身于《一千零一夜》的茂密花园中

费尔干纳盆地

　　早在丝绸之路时期，已有装满货物的商队穿越这300公里长、80公里宽的高山通道。由于它的温和气候和锡尔河的存在，它至今都是中亚地区最肥沃和人口最密集的地区。近五分之一的中亚人口一千多万人居住在此地。

　　费尔干纳盆地的一些城市，如浩罕、里什顿、马尔吉兰、费尔干纳、纳曼干和安集延，都有品种丰富和热闹非凡的贸易市场。水稻和棉花通过渠道系统进行灌溉，盆地里也种植水果，特别是葡萄。

　　青铜器时代的考古发现显示，早在那时，费尔干纳盆地已经有了农业和畜牧业。如今，盆地位于乌兹别克斯坦、塔吉克斯坦和吉尔吉斯斯坦的领土之内。

左图和四幅下图：丝绸生产在费尔干纳盆地有着悠久的历史，尤其是在马尔吉兰及其周边，城里有一个大的市场单做丝绸和其他珍贵布料生意。城里还有一家该国最大的工业化的丝绸工厂，有约 15000 名员工。它的旁边还有一家传统工艺的工厂，也有 2000 多名员工

丝绸

在马尔吉兰的一根高高的歪歪扭扭的树干上有一块纸板，上面写着"1880"。不过，在费尔干纳盆地的这座城市，作为丝绸中心，它的声望更加古老。据估计，早在1世纪，最早的纺纱作坊就已经出现。在早期关于丝绸之路的文献中，经常提到的商队出发地就是马尔吉兰。商队的动物都驮着沉重的丝绸大包袱。现在城市里也还有不少纺纱作坊、织布作坊和染坊。

繁荣时期，仅一家工厂就可以加工2000万平方米的丝绸，不过主要是工业化的生产。现在，人们已经开始更加注重手工生产，这些手工制品中不仅有典型的色彩鲜艳的和有当地"汗地图"图案的布料、披肩和围巾，还有漂亮的刺绣艺术壁毯、传统的乌兹别克斯坦头巾和精细的打结真丝地毯。

在一些传统的丝绸工厂，游客可以参观丝绸生产

及加工的整个过程：从煮茧、纺纱、织布，最后到给细丝线染色。这些线是非常细的蛋白质丝，而这种丝又是从特殊的蚕嘴中吐出来的。

两幅左图和九幅下图：在费尔干纳盆地，丝绸生产并不只是女性的工作。尽管工厂在技术上有了进步，但许多生产步骤依然（或重新）依靠手工来完成：从清洗蚕茧到真正的纺丝、织布和给细丝线打结

丝绸之路中段　263

奥什

吉尔吉斯斯坦的第二大城市奥什已有三千多年的历史。早在丝绸之路时期，奥什已经是主要的贸易中心。但直到近现代，阿赖山脉东北部的游牧民族地区才开始有了建设工作。如今，奥什紧靠着乌兹别克斯坦的边境，而这条边境划分了原本在历史与经济意义上一体的费尔干纳盆地。

这座昔日繁荣的工业城仍然充满生机，它的露天市场依旧是中亚最大的市场之一。许多帕米尔高原东部的人来到这个市场，在奥什的商店里采购，因为他们虽然可以去比较近的霍罗格，但那里可供选择的商品不多，而去塔吉克斯坦的首都杜尚别的路却常常不太好走。

四幅下图：在市场和集市的店铺里，除了各式各样的糕点和彩色糖果（见右下从上至下第一幅图），还有当地新鲜的瓜（见左下图）和饼，饼上面有独特的图案（见右下从上至下第三幅图）。毡帽也是精心装饰过的（见右下从上至下第二幅图）

左图：奥什的清真寺，背景是苏莱曼圣山

丝绸之路中段　265

帕米尔高原

地球第二高的山脉位于四个国家（中国、吉尔吉斯斯坦、阿富汗、塔吉克斯坦）的领土之上，它与喜马拉雅山脉一样是"世界屋脊"。然而，与喜马拉雅山脉相比，它的旅游业尚未充分开发。在欧亚大陆的主要山脉（天山山脉、喀喇昆仑山脉、昆仑山脉和兴都库什山脉）交会的帕米尔高原中，拥有除极地之外的最长冰川。

2013年，联合国教科文组织将塔吉克斯坦的塔吉克国家公园（帕米尔山）列入《世界遗产名录》。国家公园中有400多个湖泊和170多条河流，其超级多的植物种类给罕见的动物如盘羊和雪豹，提供了生存环境。由于地震频发，并且有时强度很大，因此公园里的居民点并不多，其土地也几乎不能用于农业生产。

左图和四幅下图：帕米尔地区的水清澈如晶，部分由冰川供给。这些冰川水映照着天空的蓝色，与陡峭山崖上褐灰色且锋利的岩石形成强烈的对比。岩石的平均高度为4000米左右，东部和西部的崎岖山峰升向天空，有7000多米高，构成了地球上第二高山脉

丝绸之路中段

丝绸之路中段：北线

丝绸之路中段的北部延伸路线是从乌兹别克斯坦首都塔什干开始的，它经过吉尔吉斯斯坦阿拉套山麓的楚河河谷，然后穿越曾经是哈萨克斯坦首都的阿拉木图，一直延伸到中国新疆维吾尔自治区的首府乌鲁

木齐。

这条路线的两边都有高山风景，例如现在被列入《世界遗产名录》的天山山脉以及它的湖泊和峡谷。其中一些大自然风光是众多国家公园的一部分，它们延伸在沿线国家之中，给罕见的动植物提供了生存空间。

下图：恰伦大峡谷位于哈萨克斯坦，景色尤为壮观，被称为"城堡之谷"。在这个保护区内不仅有独一无二的岩层，还有约1500种不同的植物

塔什干

一条高速公路通往在天山脚下的乌兹别克斯坦的首都塔什干。在这里，人们既可以体验到传统的东方文化，也能领略现代的商业世界；可以看见黏土平房和高耸的玻璃宫殿，也可以看见穿着时尚名牌服装的女性、集市、超市、狭窄的街道、游乐园、画着抽象图案的圆形拱顶和霓虹灯广告。

城市现在的面貌始于 1970 年代。1966 年的一次地震几乎将塔什干全部摧毁，造成 30 万人无家可归，唯有不多的几座历史建筑得以幸存。建筑师抓住这个机会，在同一个地方建起了一座有许多绿化设施的新城。自 1991 年以来，城市领导者试图给现代建筑一个更强烈的乌兹别克斯坦风格的面容。

下图：2002年，在沿埃米尔·帖木儿大街的公园里，一座纪念馆揭幕，它同时也是博物馆。纪念乌兹别克斯坦历史上重要人物的几座纪念碑也是新的，在埃米尔·帖木儿广场上，帝国奠基人帖木儿的骑士纪念碑引人注目

左图：15世纪的巴拉克汗伊斯兰学校

丝绸之路中段：北线　271

塔什干：哈兹拉提伊玛目建筑群

早在八剌汗时代，这个建筑群区域内就已经有了两座陵墓：一座是曾经的统治者苏尤尼汗的陵墓，另一座是一位无名者的陵墓。不久之后，在阿卜贝克·穆罕默德·卡法尔·夏西的坟墓上也建起了陵墓。哈兹拉提伊玛目建筑群的名字要感谢他，这位"大伊玛目"。

16世纪，这个建筑整体（还有一个后来被拆除的陵墓）已经在一个有古老的桑科无花果和矮榆树、桥以及夏宫的大花园之中。现在，除卡法尔·夏西陵墓和八剌汗伊斯兰学校外，属于建筑整体的还有特勒沙亚克清真寺及其内部重要的宗教图书馆。

下图：新老建筑以最佳方式搭配。新的哈兹拉提清真寺有两座宣礼塔，大门上有精美的装饰，建成于2007年，但它具有16世纪的古建筑风格。在充满异国情调的树木、灌木丛和花朵的花园中，连鹳都感到悠闲自如

塔什干：圣母升天大教堂

这座于1871年建造的东正教教堂，在竣工不久之后就被扩建了。不过，从1933年起，在这座圣母升天大教堂中禁止举行宗教仪式，而它则在大部分时间里被用作军营仓库。直到1945年12月才又有了一次礼拜。

在20世纪的后半叶，该教堂被多次修缮和重建，13个钟琴也就是在这个时期安置的。今天，在这座莫斯科的阿列克谢二世曾经主持过弥撒的圣母升天建筑群中，安息着许多历史上熠熠生辉的人物，其中当然包括圣潘捷列伊蒙。为数不多的金边镜框中展现圣母玛利亚的肖像。

下图：如今，即使没有礼拜，拥有金色的圆顶、泛着涟漪的喷泉、可以让人短暂歇息的长椅和绿化地带的圣母升天大教堂建筑整体，依然吸引着人们来到这里沉思和冥想

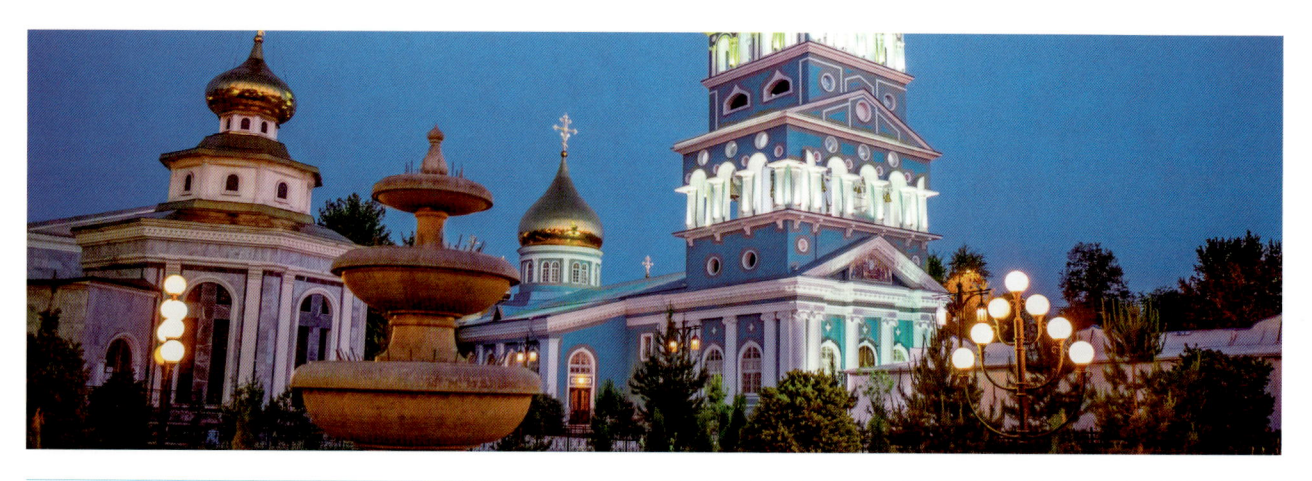

塔什干：库尔克达什伊斯兰学校

紧靠繁忙的阿莱斯基巴扎的，是一座城市中最大的伊斯兰学校，这是16世纪下半叶，掌握权势的维齐尔库尔波波·库尔克达什指定的项目。从建筑的正面看，它就已经显示出无比宏伟的外观，不过它的装饰却相对保守和简约。

大门山墙上，一片以深蓝色为背景，由白色与浅蓝色的阿拉伯式花纹和文字组成的画面，迅速进入参观者的眼帘。这种由蓝色、白色和浅沙色构成的组合，在库尔克达什伊斯兰学校的内部也被不断重复使用。

校内还有两座庭院伊万，一座在南面，另一座在北面。左右两侧各有三排房子，每排房子大概有差不多二十多个不足四平方米的简陋屋子，每一间屋子最多可住三名学生。

下图：今天，库尔克达什伊斯兰学校是一座经常被使用的清真寺。另外，这所历史悠久的学校还传授伊斯兰教的基本知识

塔什干：埃米尔·帖木儿博物馆

埃米尔·帖木儿，他是14世纪传奇的蒙古军事领袖，他使得塔什干和周边地区的科学和艺术得以繁荣昌盛，因此，值得城市为他建立一座博物馆。在一座雄伟的单圆顶圆体建筑中的博物馆于1996年开幕，它的三个楼层都有装饰华丽的展厅，其中展示着大量的代表城市和地区，当然还有帖木儿帝国历史的展品。一些展品是巨幅绘画和历史文献，其中有帖木儿给欧洲皇室的亲笔信，还有武器、服饰和钱币。

下图：埃米尔·帖木儿博物馆的展厅明亮、色彩鲜艳。它不仅是献给传奇的蒙古统治者的，也是献给其帝国的时代精神的

阿拉阿查国家公园

据说刺柏燃烧时会散发出神圣的烟,因此,它作为许多文明的天然香而备受喜爱。如在中国西藏和蒙古,这种烟被看作具有驱赶恶魔的功能,因此在吉尔吉斯斯坦的礼仪和洗洁仪式上,也有磨碎的刺柏叶子散发着烟雾。

刺柏是高山国家公园中的主要植物,它有三个不同的品种。在国家公园内总共生长着900多种不同的植物。尤其是春天,当地的泽纳达野郁金香盛开的时候,游客们特别喜欢来到这里。由于国家公园内禁止狩猎,因此人们有时会在河流和瀑布流域见到野山羊或秃鹫,偶尔也能看到最可爱的喜马拉雅旱獭出没。

两幅左图和下图：在将近4895米的高山上，人们很少会注意到，那里有优雅的雪豹在自己的地盘内玩耍，不过，它们也常常会走到冰川地区。目前国家公园内还有20多处永恒的冰区。陡峭的山坡和永冻的冰层，吸引着世界各地的攀岩爱好者来到吉尔吉斯斯坦的阿拉套山。山脉的最高峰是塞姆乔诺夫·詹·尚斯基峰

阿拉木图

拥有近 200 万居民的哈萨克斯坦旧都，如今依然是这个内陆国家最大的城市，而且在经济、科学和文化领域，它的重要性并未降低。早在青铜器时代已有第一批居民来此地定居。后来的游牧民族也非常富裕，如伊塞克库尔干"金人墓"出土的"黄金之人"和他的大量陪葬品所显示的那样。

从 8 世纪起，这座城市发展为手工业和贸易的中心，同时它也成为了丝绸之路上主要的站点之一。如今的阿拉木图展现出现代化城市的面貌。大多数历史性建筑成为了 20 世纪初的地震牺牲品。

特别值得一看的是升天大教堂和圣尼古拉斯大教堂。阿拉木图的电视台（371.5 米）是世界最高的电视台建筑之一。

两幅左图和下图：木质和石质的摩天大楼。与今天阿拉木图最新的摩天大楼相比，56米高的升天大教堂只能算是一个"小矮人"。不过当它在20世纪初刚刚竣工之时，可算得上是一个真正的"巨人"，而且至今这座色彩鲜艳的教堂依然是世界上第二大木结构建筑（见最左图，左图为其内部景观）

丝绸之路中段：北线

伊犁阿拉套国家公园

盛开着野花的草地、河漫滩和高山草地，罕见的鸣禽、旱獭和雪雕……天山山脉北部、占地面积约20万公顷的国家公园距阿拉木图只有25公里，但它却拥有种类繁多的自然景观以及对中欧人来说完全陌生的动物和植物品种。到目前为止，这个国家公园很大程度上仍然没有受到人类的干预，不过已经有计划显示，那里将建起一个拥有500多公里雪道的滑雪地区。

事实上，1996年设立的伊犁阿拉套国家公园和它内部高达5000米的山峰，还有它那壮观的冰川地区，都给冬季体育运动提供了良好的前提条件。但这样的项目意味着对珍稀的动植物和美丽的大自然的严重侵犯。

左图和五幅下图：鸟在伊犁阿拉套国家公园雄伟的山地环境中自由自在地生活，然而在德国的山区中往往不是这样的。例如，这里有白背矶鸫和白翅拟蜡嘴雀（见左下两幅图）、三趾啄木鸟和红尾伯劳（见右下两幅图）、红背红尾鸲和黑喉岩鹨，还有蓝鸲鸟——人们熟悉它的别名"幸运鸟"

阿尔金埃梅尔国家公园

哈萨克斯坦最大的国家公园有超过四分之三的地方是崎岖的高山和自然山丘，而这仅仅只占了中亚的阿拉套山山脚风景中的 20 平方公里。沿伊犁河延伸到卡普恰盖水库的大片地区都被肥沃的河流与森林所覆盖，其中生长着罕见的胡杨树。

尽管阿尔金埃梅尔——"金鞍"——比较贫瘠，但在那里依然生活着 70 种不同的、有些甚至是罕见的哺乳动物，其中包括亚洲野驴和盘羊。关于这个国家公园名字来源的传说是这样的：蒙古统治者成吉思汗当时正骑马穿越这个地区，望着他想要征服的王国时，他说，他感觉自己身处"金鞍"之中。

左图和下图：闪耀着各种橙色、红色和褐色调的阿克套山和卡图套山以及在伊犁河畔的"唱歌的山丘"，都是阿尔金埃梅尔国家公园的主要景点。公园占地面积约 4600 平方公里，是哈萨克斯坦 12 个国家公园中最大的一个。它距离大都市阿拉木图 150 公里左右

丝绸之路中段：北线

恰伦大峡谷

三百万年来，岩石与河流玩着游戏。很早很早以前，大地开始上升，于是地势较高的湖泊逐渐干涸，它变成了一条河，河水冲洗着松软的砂石，并用它自己的力量刮下岩石上的碎片，而后带着它们踏上了旅途。随着河水，小石块在旅途中不断被磨成沙子，而留存的岩石如今看上去也像被石匠打凿过一般。

去过大峡谷的人大多都知道这一出游戏，因此，恰伦大峡谷也常常与美国的自然奇观一同被提及。有些被留下的岩石能让人联想到城堡废墟中的塔楼，也有人会觉得它们像纪念碑。它们都有一种柔和的粉红色彩，尤其是在日出和日落时分，石头似乎会闪闪发光。

左图和下图：在哈萨克斯坦与中国接壤不远处的峡谷，长150公里左右，约300米深。探索它的最佳方式是徒步下山到伊犁河的支流恰伦河去。尽管有蛇和蝎子在岩石壁中生活，不过它们很少露面，与害羞的地松鼠一样少，但贫瘠且奇特的风景同样值得一看

赛里木湖

不同朝代的诗人早已赞美过这个"囊于山间"的水域。在海平面之上 2000 多米高度的赛里木湖，如今已延伸到东西长度达 30 公里、南北宽度 20 多公里，湖水清澈无比，呈祖母绿色。迄今为止，只有少数哈萨克族和蒙古族的牧羊人生活在湖畔。他们的蒙古包在草原一望无际的绿色中脱颖而出，草地上放牧着羊群、牛群和令人骄傲的马群。

冬天，几乎整个湖面都被冰雪覆盖。每年夏季，蒙古族的那达慕节日庆祝活动会在湖边举行。在为期几天的节日里，这个地区的不同部落的男子会来到这里进行以娱乐为主的骑术、摔跤和射箭比赛。

下图和右图：这片被清代诗人洪亮吉热情赞誉的"净海"位于伊宁市以北约两个小时车程的地方。迄今为止，湖畔为羊群提供了营养丰富的饲料，最大水深 90 多米的辽阔美丽的水域令人陶醉

天山

天山山脉从塔吉克斯坦绵延 2500 公里直到中国境内腹地，被联合国教科文组织列为世界自然遗产的有四个地区，总占地面积达 6000 平方公里。天山西起托木尔峰（7443 米），紧接着是喀拉峻草原、库尔德宁草原和巴音布鲁克草原，末端是东部的博格达山以及与它同名的 5445 米的博格达峰。

属于天山山脉的还有塔里木盆地中的一部分塔克拉玛干沙漠。这些风景优美的地区由高山和冰川、茂密的草地和森林、清澈的河流与湖泊、宽广的山谷和狭窄的峡谷共同组成。但与之截然相反的，是在山脉南部和北部的沙漠地带，由此也形成了热和冷、干与湿、春意盎然与贫乏单调的生存空间的对比。

右图：在中国境内的天山山脉北部也有独特的壮观大峡谷——奎屯大峡谷

下图：望一眼天池，游客会误以为自己接近了天空

284 丝绸之路 连通伊斯坦布尔和中国西安的历史之路

丝绸之路中段：北线

乌鲁木齐

你很难说中国新疆维吾尔自治区的首府具有想象中的多姿多彩的东方风情，因为它在一片沙漠之中，但开拓精神和城市的天际线却依然令人印象深刻。毕竟根据吉尼斯世界纪录，乌鲁木齐是一座最远离海洋的城市。那里有一座红色的山——红山隆起在大都市的北面，山上有一座九层楼高的塔。它让人回忆起早在640年左右，佛教已经在这个地区广泛传播。

乌鲁木齐市本身拥有几百万居民，而且如今的城市与以往一样，是中亚各国与中国的交通枢纽的节点。近几十年来，由于在克拉玛依发现了油田，建造了炼油厂，城市得到大力发展。

左图和下图：直到中世纪末，绿洲城市乌鲁木齐一直是丝绸之路上商队的一个主要后方基地。大佛寺建于那个时期，当然还有红山上的高塔，它是城市的象征。今天，乌鲁木齐是一个拥有摩天大楼和工业建筑的现代化大城市。绿洲农业产品在它的大巴扎上应有尽有

丝绸之路东段

作为当年贸易路线中段的延续,丝绸之路东段通往中国的一些主要城市。有一些城市在全长约4800公里的路线边缘,其中包括喀什、库车和绿洲城市敦煌。丝绸之路东段在通过嘉峪关市——在它附近的同

名关口是中国长城西端的第一个关——之后，或者在经过水果种植区和盛产葡萄酒的吐鲁番之后，又或者在穿越了莎车和张掖之后，它继续延伸直到黄河岸边的兰州。然后，这条路线又继续通过天水到达长安——如今被称作西安。

下图：雄伟壮丽的大自然和令人印象深刻的人造建筑在中国新疆维吾尔自治区境内丝绸之路的途中，例如巴音布鲁克草原上这座风中的寺庙。天山山脊上3000米高处有湿润的大草原风景

喀什

喀什，别名喀什噶尔，目前它在很大程度上已经失去了其原有的重要性，但依然是中国面向巴基斯坦和中亚的核心城市。过去，中国的丝绸之路商队在喀什聚集，以便继续前往阿拉伯国家、欧洲或去往印度。喀什的老城区绝对值得一看，它的小巷子仿佛就是一座迷宫，还有艾提尕尔广场，与其同名的清真寺初建于1442年。喀什居民中的穆斯林每天在可供几千人聚礼的艾提尕尔清真寺一起祈祷。

现在的清真寺建筑是1798年扩建的，但此后它也被不断修复和改建。除这座中国最大的清真寺之外，城市中还有另外约60座礼拜堂。

左图和三幅下图：尤其是在星期天，喀什的市中心热闹非凡，因为这天有每周一次的巴扎。除了出售服装和日用品外，这里还卖绵羊和山羊。当然在工作日里，喀什的有顶巴扎也远近闻名。人们也能在城市里找到传统美食和古老的手工艺品（见右下两幅图）

丝绸之路东段 291

喀什：巴扎

几个世纪以来，喀什的周日巴扎是当地人、商人和丝绸之路上游客的聚集地。最初，在同一个地方和同一个时间，这里还有牲畜或动物的交易市场。随着城市的发展，人们将两者分开。实质上的巴扎留在了喀什的东部。今天，人们可以沉浸在它异域情调的氛围之中，甚至每天都有巴扎。每当星期天上午，当妇女们穿上她们最漂亮的裙子，孩子们嬉戏玩耍，蓄着白色胡须的老人们谈笑风生地围在一起时，如果在堆满一捆捆丝绸、锅子、各种坚果和干果的摊位之间，在声音像鲁特琴的都塔尔琴和传统手工制作的维吾尔刀之间，走走看看，你会觉得格外有趣。别忘了还有许多小小的、香气扑鼻的大排档。

三幅右图：喀什巴扎上的摊主出售所有人都渴望吃到的东西，无论是新鲜的还是风干的，长在地里的还是结在树上的，只管你吃饱的还是巧妙调味了的

喀什：阿巴和加麻札（墓）

要不是道路上繁忙的交通，你会认为通过这条尘土飞扬的街道能穿越回过去的时光。因为，阿巴和加麻札（墓）总是静悄悄地躺在炙热的太阳下，安宁肃穆。这座威严的建筑群中，除了有一座得到敬仰的喀什君主和加（17世纪）的陵墓之外，还有许多其他的建筑以及一个大的公墓。

走进大门之后，你会看见一个有塔楼的四边形内部庭院、礼拜墙、讲经堂、主墓室和一个果园。旁边有一座小清真寺。墓室是整个新疆维吾尔自治区内最大的圆顶建筑，围绕它的墙有10多米高，装饰精美的圆顶直径有17米。

两幅右图：从1640年起建造的这座阿巴和加麻札（墓）中，最初葬着这个家族的5代共72个成员。香妃——传说中清朝皇帝乾隆的维吾尔族宠妃——据说也葬于此地

喀什：艾提尕尔清真寺

中国最大的清真寺——也有人说它是最美的——是城市的心脏，它如同一轮红日闪闪发光。为庆祝穆斯林的重要节日，中国最西部的自治区新疆各处会有很多的人，花上几天时间来到这里。然后会有40000多人聚集在这座1442年始建的建筑群里，它的名字在当地方言里的意思是"节日的礼拜所"和"集会地点"。在拥有约18间讲经堂的大庭园中，高高的白杨树、松树和柏树指向天空。由三个部分组成的礼拜厅立在一个高的台基上。外殿的顶由140根浅蓝色的木柱撑起，上面还有精美的绘画。从石制的塔楼上可以俯瞰艾提尕尔广场，塔上的雕刻大多是绿色的花卉和卷须图案。

两幅左图：每天几乎有多达3000名中国的穆斯林来到艾提尕尔清真寺，他们并不仅仅来自喀什。星期五更是会有成倍的人，在特别的节日里，这座清真寺的门前也生气勃勃

丝绸之路东段

昆仑山

　　传说有长生不老的女神在山里居住。西王母是道教中最古老的中国神仙之一，她代表着纯净的女性气质即阴，女性也被称为阴。在与中国西藏接壤的、有高达 7200 米的山峰的地区，人们认为这里是道教的发源地，昆仑山也是道教最主要的圣地之一。

　　当地的许多信徒严格按照道教戒律生活，有些人献身于禁欲主义和修道生活。事实上，在这个地区的确有一些看似神奇的诡异现象，比如，尽管六月里山上还经常下雪，然而在山脉北部的昆仑泉却从不冰封。另外，昆仑河的源头也被称为黑海，与位于东南欧的海洋名字相同。

左图和下图：高大的昆仑山从喀喇昆仑山脉开始向东延伸，形成与西藏自治区约 2500 公里长的高山边界。昆仑山脉有 200 多座超过 6000 米的高峰，其中最高的是 7724 米的慕士塔格峰（查到公格尔峰为最高峰，且标注有 7723 米之说，可能德国作者把慕士塔格山上的峰统称为慕士塔格峰——译者注）。2001 年，一场在昆仑山南部的地震造成了一条 400 公里左右的破裂带

塔什库尔干的短途旅行

据传克罗狄斯·托勒密很早就在他的著作中提到了塔什库尔干的著名"石塔"。不过，这位希腊数学家、哲学家和地理学家的记载，大概也只是许多围绕着只留存下一座堡垒废墟的传说中的一个。然而事实上，塔什库尔干早在两千年前就已经是一个古国的首都以及丝绸之路上主要的停靠站。几条商队路线在此交集，比如去北方喀什的路线、向东方到叶城的路线、西行巴达赫尚、瓦罕走廊以及现在属于巴基斯坦的奇特拉尔和罕萨的路线。

在这个地方，货物被检查，然后重新装载，动物得到休息，商人们也可以短暂地住宿。今天，位于喀喇昆仑山脉高速公路上的塔什库尔干塔吉克自治县现代都市，已有四万左右的人口，并被认为是中国通向巴基斯坦的红其拉甫口岸的大门。

城市博物馆中展出一些当地的文物、历史照片以及两个木乃伊。从现代居住区边缘的"石塔"遗迹,你可以看到帕米尔高原上常年冰雪覆盖的高峰以及山脚下辽阔的平原。如今,一些木质游览走道蜿蜒在这片"金色的草原"之上。

下图:自然美景与人类建筑共存的例子让来到塔什库尔干的游客惊叹不已。第一缕太阳光如烈火般点燃了昆仑山脉雪峰上冰冻的雪山顶

左图:冬天的光线给保存下来的"石头城"围墙带来特殊的魅力

丝绸之路东段 297

塔克拉玛干沙漠

无穷无尽的沙海和沙丘形成了地球上最大的沙漠之一——塔克拉玛干沙漠。辽阔的荒原上，只有不多的几个流动盐湖点缀其间。生活在沙漠边缘的维吾尔族人描述它说："一旦进入，你永远回不来。"人们怀疑，至今沙子已经吞噬了33座城市。

几年前，这里发现了石油，一条横穿沙漠的汽车公路已经修建完成。罗布泊曾经是巨大的内流湖，它的水源来自周围高山里的河流，可是大概在1500年前，最主要的供水河流改变了自己的流向，于是这个湖渐渐盐化，最终消失，约于20世纪70年代彻底干涸。如今，这片土地已经不能用于工业或农业。

左图和下图：巨大的、占地面积约 33 万平方公里的塔克拉玛干沙漠位于一个内流盆地之中。在干燥的塔克拉玛干沙漠上，风创造了许多壮观的沙丘景观。过去，对商队来说，穿越沙漠是非常艰难的，只有当商人们到达了下一个绿洲区域，他们才会感到安全，但驻扎休息却需要支付高额的资金

克孜尔石窟

在高出木扎尔特河面许多的山坡上有一大片石窟，里面应该存有丝绸之路中最美的壁画：至今已发现236个石窟，另外还有一些仍然被埋藏着。1700年前，此地已有人类通过图像传达获得永生的希冀。克孜尔曾经是丝绸之路的交会点，也是商人们和游牧民族相会的地方。石窟中的光滑墙壁激发起人类的绘画意识。

许多画像都描绘有一根被信徒们围着的柱子，也有一些绘有音乐家、动物和风景，当然佛像也不断出现在画中。僧人们直到12世纪还将石窟作为修行场所。他们生活在简易的土炕上。当这些石窟被遗弃之后，它们被游牧民族用作庇护所。

两幅下图：墙壁上的绘画色彩鲜艳。部分壁画可以追溯到3世纪，它们展现了佛教的起源。许多画讲述了第一位佛陀释迦牟尼的人生故事。群青颜料是从阿富汗的青金石中提取的

左图：拥有石窟的岩石地块风景

丝绸之路东段　301

库车

中世纪，一位中国的旅人将这座城市描写成拥有农业和丰富矿藏的繁荣绿洲。附近石窟中的庙宇也同样充分证明了，库车曾经是重要的佛教中心。与此同时，库车也拥有一座砖砌的新疆维吾尔自治区第二大清真寺，它于1932年重建在毁于一场火灾的16世纪的清真寺位置上。清真寺绿色的瓷砖圆顶和柱子祈祷厅中精美的抽象装饰图案尤为突出。

同样值得一看的还有在人民路上一座桥旁边的周日巴扎。具有维吾尔风格的老城区位于现代城市中心的西侧，那里有于2004年重建的库车王府，直到20世纪初期，库车王府一直是库车亲王们的居所。最后一位库车亲王于2014年去世，葬于王府的祖庙中。

左图：在重建的库车王府和大清真寺的内部，库车缤纷的色彩游戏都给人留下了深刻印象；甚至在这座绿洲城中的许多大门上，你会看到不同颜色和图案的组合

下图：库车的壁画源自唐朝（618—907年），它们展示了佛教中的多闻天王

丝绸之路东段　303

库车天山大峡谷

数百万年来，大自然从天山山脉边缘的红棕色岩石中磨砺出这座宏伟壮观的峡谷。它的名字又叫"天鹅峰"或"摩天大楼的窨谷"，其名揭示了 5000 多米长的峡谷奇异美景。那里有陡峭的 500 多米高的、有些还是悬挂着的岩石壁，最窄的地方跨度不过半米，因此，你在峡谷中会感到有些凉爽。

实际上，走完这条主要路线虽然仅仅需要 60 多分钟，但在砂岩塔楼、砂岩针和砂岩悬崖之间，人们可以漫步几个小时，并为它们的颜色和光线的变化感到惊叹。在一些行走不便的地方，设有楼梯和金属步道，便于人们通行。你甚至能在库车天山大峡谷中发现佛教墓穴古迹。

左图和两幅下图：结构、颜色和光线使得在库车北面65公里处的大峡谷成为神秘的地方，它从不出现相同的面貌，有时甚至还会有薄雾飘浮在高处的峡谷边缘。在狭窄的峡谷中，风时不时发出飕飕的声音，并由此产生独特且奇妙的声效

丝绸之路东段

库车天山大峡谷

丝绸之路　连通伊斯坦布尔和中国西安的历史之路

下图：库车天山大峡谷位于"克孜利亚"山，这是维吾尔语，其意是"红色的山崖"

巴音布鲁克草原

这片在天山脚下的辽阔草原的名字意思是"财富之源"。它的名胜景点是"天鹅湖"。这里居住的人大多数是蒙古族，他们称天鹅湖为"巴音格尔"——美丽之泉。天鹅湖位于尤尔都斯盆地，水源来自许多高山河流，它是70多种鸟类的栖息和繁殖之地，也是中国唯一的天鹅自然保护区。

这是一个由无数弯弯曲曲的河流和大小湖泊组成的自然保护区，其周围的高原是中国第二大高原，因此，这个地区对游牧业和畜牧业尤为重要。夏天，白色的蒙古包点缀在郁郁葱葱的绿色之中。这里放牧着长尾绵羊和美丽的诺绵羊，当然还有牦牛和焉耆马。每年的六七月，人们在巴音布鲁克草原上庆祝著名的那达慕节。

左图：在辽阔的巴音布鲁克草原上，这座亭子上的佛教经幡如一片花海在风中飘荡

两幅下图：著名的天鹅湖在 24000 平方公里左右的草原保护区内。为了繁殖，天鹅和其他稀有鸟类每年四月从南方飞回这里的草原

丝绸之路东段　309

库尔勒

库尔勒位于焉耆盆地和塔里木盆地之间，并且在穿过孔雀河峡谷的山道南端，因而它很早就是丝绸之路上的咽喉之地。许多民族的人共同生活在这座城市中。由于在塔克拉玛干沙漠发现了石油，因此，主要以丰富的歌舞文化而闻名的城市有了新的腾飞。当然它的名声也来自远近闻名的水果，例如香梨、蜜瓜或小白杏，还有一种特别美味的坚果叫巴旦木。

在库尔勒附近有一个占地近300平方公里的巨大的轮台胡杨林公园。它主要以胡杨树而闻名。胡杨只生长在中国西北部的沙漠地区，它们的寿命长达1000年，秋天是它们最美丽的季节，一棵棵胡杨树仿佛穿上了树叶连衣裙。

左图和下图：秋天，在塔克拉玛干沙漠的轮台胡杨林公园中，每当胡杨树不同形状的树叶渐渐由绿色变成金色，它们会呈现出独一无二的色彩图画。世上几乎没有一种其他的树能适应胡杨所处的极端环境，当地人因此称它们为"沙漠女杰"

交河故城

在雅尔乃孜沟中，有一座壮观的古代遗址，它位于 30 多米高的岩石上。早在公元前 108 年，交河就是车师国的都城，而车师国则是当时的"西域三十六国"之一，并兴盛了几百年。

交河曾在汉代作为要塞使用，直到 13 世纪，一场大火将宏伟的城市设施彻底摧毁，而这些设施是从交河的地面向下挖出来的。城市主要是用生土砖建造的，像一座在两条河支流之间的岛屿，约有 1500 米长和 300 米左右宽。拥有清晰可见的城市结构、高耸的建筑墙壁和寺院大佛塔的交河故城（名字的意思是"两河交会"）是保存最好的西域古国遗址之一。

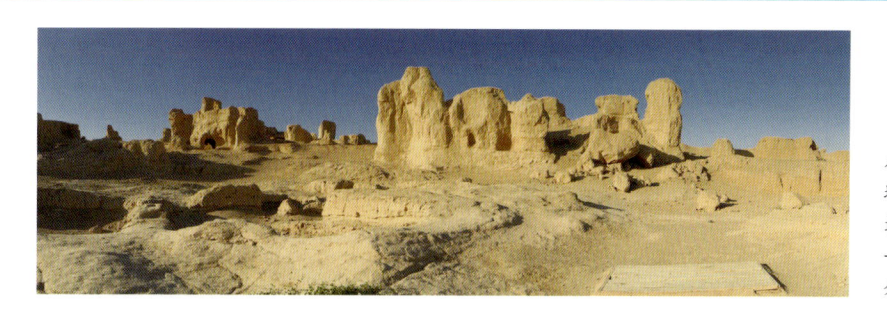

左图和下图：在交河这座已有两千多年历史的古城遗址中，今天所能看见的结构主要建于唐朝。最初它设计在350米长的南北轴线上，有三个部分：一部分作为民居，一部分给贵族使用，还有一部分寺院区。据估计，曾经约有7000人在此生活

丝绸之路东段　313

吐鲁番

这座中国地势最低的城市历史悠久，在突厥语中，这个城市名字的意思是"肥沃的土地"，在汉语中它又被称为"火州"，词意是"其热如火之地"。不过，极高的气温也给水果带来无与伦比的甜度。由于有了地下灌溉系统，数百年来，这个地区一直种植水果。此外，在吐鲁番也非常流行沙疗，就是把病人从脚到脖子都埋入沙中。

20多个具有不同语言、文化的民族生活在这座东西方交会处的城市中。如今，有几十万的居民在此居住，其中大多数是维吾尔族。吐鲁番是丝绸之路最主要的站点之一，并保存着丰富的历史文物。

左下图：当地人称44米高的宣礼塔为"苏公塔"，它是1770年代末，王子苏莱曼为纪念他的父亲额敏而建造的，属于有维吾尔风格的清真寺设施

两幅左图和右下图：这儿也有图案更加精美、色彩更加鲜艳的建筑，比如城市中装饰豪华、五彩缤纷的几座清真寺和王宫

丝绸之路东段

高昌故城

在从吐鲁番通往哈密道路的东南方向约 40 公里处,有一座中国西部最大的古城遗址。在火焰山脚下的这座城市过去是一个既辽阔又宏伟的聚居地,它曾历经三个古国,并被认为是亚洲经济与宗教的中心。它地处肥沃的洼地,具有缜密的城市结构,较高的城墙和较低的城池使得它成为重要的军事堡垒之一。高昌故城奠基于西汉,但此后它的统治者不断变化,最终于 13 世纪时,在战争中被摧毁。保留下来的仅仅是 5000 多米长的外城墙,而正方形的中心宫城倚靠在外城墙上。但它过去的许多建筑,如今几乎无法查找确定。

左图和下图：20世纪初，研究亚洲文化的德国专家们进行了一次吐鲁番考察，当时他们在高昌地区还能很容易地分辨出几百座阶梯式排列的庙宇和"宏伟的拱形建筑"。他们在挖掘过程中发现了大量的手稿、壁画和地砖，甚至还有一些基督教的画像。现在你可以乘坐驴车穿行于古遗址之中（见左图）

阿斯塔那古墓群

与高昌故城遗址仅仅相距 4000 米的地方，你会遇到一大片古都的历史墓地。几乎 5 个世纪长的时间内的高昌人都埋在这里。山上有 500 多个墓室。每一个墓室都有 2 米多高、约 4 米宽，且带有平顶或一个圆拱顶。死者用丝绸或棉布包裹着，然后被放在一张简单的木床上。死者周围放着一些亭子的模型、微型的马和车，还有书写用具、乐器、食品和水果。也有一些坟墓中绘制着非常详细的图像如鸟、植物等。因为这里气候干燥，所以颜色和布料常常保存完好，而相比之下，遗体很快便木乃伊化了。

左图和五幅下图：阿斯塔那古墓群的总面积达10平方公里。现已挖掘出约400个在1米厚的黄土层下的坟墓。在一座人可以进入的墓室中，有一对木乃伊母子。在这些墓室中，人们还发现了两千余本书和文献。它们证明了在丝绸之路的鼎盛时期，这个地区曾经拥有过巨额财富

丝绸之路东段 319

柏孜克里克千佛洞

过去，如果富有的商人想要在涅槃中占据一个好位置，那么他们会捐赠圣地。在中国北方也同样如此。在火焰山的悬崖深处，现在还保留着一个独一无二的洞穴系统。如今这里总共有 83 个石窟，它们矗立在高出木头沟河谷 80 米处。从公元前 400 年一直到 13 世纪，不同文化的人在这里创造了一个小型的祭奠场所。这里的壁画中有许多不同种族的人，他们在一起唱歌、跳舞或举行佛教仪式。

20 世纪初，德国探险家阿尔伯特·冯·勒柯克在亚洲旅行时，请人将许多艺术品偷凿下来并运回了柏林。今天，在柏林亚洲艺术博物馆中只有很小的一部分作品，而很多东西都已经成为二战的牺牲品。

左图和两幅下图：19世纪以来，洞穴中的壁画遭到几次严重的破坏。在1860年之后，大部分佛陀肖像画被破坏，然后德国和英国的探险家们凿下了最主要的和最珍贵的壁画，并将它们运回了欧洲，但它们最终在二战中遭遇摧毁

来自沙漠的葡萄酒

葡萄酒酿造在中国已有很长的历史。考古发现证明，大概在 4600 多年前，在山东日照东北方向已经有了葡萄藤蔓，它们产出的葡萄可以用来发酵成酒精。在喀什周围也早已有了葡萄酒的酿造技术。到了 7 世纪，在丝绸之路上的绿洲城市高昌也同样种植有葡萄。甚至马可·波罗在他的笔记中也提到过，在吐鲁番和柏孜克里克之间的地区是葡萄酒产区。

最初的葡萄种子据说来自希腊，当然也有人把提供葡萄藤的人说成是波斯人（自从公元前 220 年起）。在丝绸之路东部的干旱地区，一种中文叫"坎儿井"的地下水利灌溉系统使得水果的种植成为可能。

如今，在吐鲁番与柏孜克里克之间有一条长 8 公里左右的葡萄酒产区，总占地面积超过 2 平方公里。这里主要种植的是无核白绿色马奶子葡萄，年平均总

产量达 300 吨,其中的一部分被制成葡萄干。在被从天山融化而来的雪水浇灌的沙漠平原上,除了葡萄,还种植有美味的苹果、桃子、瓜、杏和石榴。

左图和两幅下图:在火焰山脚下,许多居住在吐鲁番绿洲的家庭都围着葡萄转。这些通常无核的饱满果子,要么被摘下后直接放到水果盆中,要么被加工成葡萄酒,或者放在为它们特制的阴房中,一个月不到它们就变成了葡萄干。在每年八月底的葡萄节上,所有葡萄及葡萄制品都进行销售

丝绸之路东段

戈壁沙漠

沙漠中有雪吗？世界上最北面的沙漠以其极端的气候而著称。大陆性气候以及地理位置使得它的温度可以在几天之内从50℃降到零下50℃。如果沙丘被一块薄纱巾般的雪花覆盖，那么这地球上最干燥的地区即刻展现出虚幻的景色。雪从遥远的西伯利亚冻原飘过来，可是它珍贵的水分却根本没有机会下沉，因为当雪花还没有融化时，它已经被蒸发了，留下的只是它的晶体和以盐的形式存在的沉积物。戈壁从蒙古国南部一直延伸到中国境内。严格地说，因为它比真正的沙漠更为潮湿，所以它更应该被称为"沙漠草原"。因此，戈壁中有它自己的植被，尤其是在整片戈壁东部水资源更加丰富的地区。

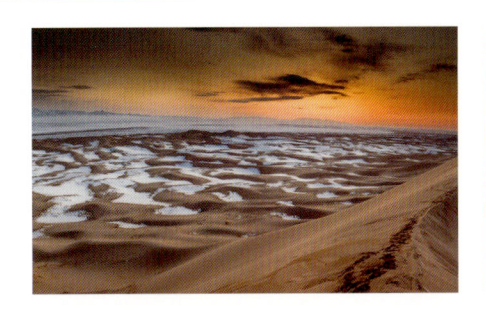

两幅左图："沙漠中的雪"，听上去有点儿自相矛盾，但这相悖的风景却可以在冬季的戈壁上看到

下图：在戈壁东部生长的草可能会防止进一步的荒漠化，但是，牧民们饲养绒山羊，它们一方面提供珍贵的羊绒，另一方面却将草连根拔起，从而使得戈壁不可阻挡地蔓延

丝绸之路东段

敦煌

敦煌是一个真正的绿洲城市，在它南面仅几公里的地方开始出现壮观的流动沙丘景观。这些沙丘的高度可达 250 米。最大的沙丘的名字是鸣沙山，意思是"发声的沙山"。最近的科学实验证明，这种松散的沙丘的确能发出声音。

在鸣沙山中有一个 200 米长的月牙形状的湖泊——月牙泉，这是一个完全出乎意料的风景。但是，持续的沙尘暴不断威胁着湖泊，也许某一天它将会从沙漠中彻底消失。当地主要景点之一是莫高窟，那里有佛教的石窟。它们也以"千佛洞"著称，其历史可以追溯到 4 世纪。

左图和下图：这座沙丘再现了滚动沙子发出响动的回音吗？敦煌的"鸣沙山"被认为有这种特性。有一个传说是说在沙子下面有成千上万的士兵，他们时刻进行着地下作战。地质学家的解释显然很平常：歌声来自风和静电

丝绸之路东段

莫高窟

在还没有进入辽阔的塔克拉玛干沙漠之前,丝绸之路在绿洲城市敦煌产生了分支,而位于敦煌附近的莫高窟则是中国最著名的历史古迹之一。4世纪时,一名普通的僧人为了冥想而入山隐居,从此开启了1000多个石窟的历史,其中至今保存完好的有492个壁画和彩塑窟。

这座佛教的历史纪念碑拥有无比珍贵的壁画和雕塑,它象征着丝绸之路上文化的多样性。在其中的一个石窟中发现了古代的手稿、丝绸画和木刻。这些发现使得莫高窟成为中国佛教历史最重要的资料来源。为了保护原始作品,现在游客们可以看到壁画和雕塑的复制窟。

四幅下图：位于敦煌市以东25公里处的莫高窟也被称为"千佛洞"，在不到500个保存完好的石窟中有几千幅壁画和两千多座雕塑

左图：雕塑中包括这尊大佛

最左图：为保护石窟而建造的五座佛教寺庙之一

丝绸之路东段

莫高窟

下图：用壁画和雕塑装饰的492个石窟展现给世界最大的佛教图像。它们仿佛在跳舞

莎车

　　莎车位于从过去英属印度而来的主要贸易路线的终点，它曾经在几百年的时间里是主要的商队驿站，并以羊绒中转中心而闻名。直至今日，在现代化的外墙之间依然能看到过去繁荣的维吾尔族文物。在新老城墙之间以及在阿勒屯清真寺的礼拜堂对面，有一座"金子坟墓"，其内有叶尔羌汗国统治者的王陵。最早的墓地建于1533年。女诗人和音乐家阿曼尼莎汗（1526—1560年）同样安息于此。

　　除维吾尔族之外，在莎车县还居住着汉族、塔吉克族、回族、乌孜别克族和柯尔克孜族。在莎车城外不到30公里处，就是辽阔的塔克拉玛干沙漠了。

两幅左图和下图：纪念馆、墓地和清真寺，这建筑的三和弦让人联想到古国莎车的国王们。在16世纪和17世纪，他们左右着这个地区的命运。灰色石墓初看显得简洁，甚至包括苏丹赛义德汗的石墓，但它们都有不同的图案（见下图），甚至维吾尔族乐器上的图案也有许多变化（见左图）

丝绸之路东段　333

嘉峪关

　　这座城市名字的意思是"关"或"要塞",而与此相对应的是在城外已修复得非常漂亮的建筑,它同样也被称为嘉峪关。明朝时期曾经有多达30000士兵在这里驻守,而且它也是古代中国的边关之一,因此在中国人看来,嘉峪关至今仍是远方的象征。

　　实质意义上的要塞被一座700米长、10米高的城墙包围。嘉峪关之所以如此重要,那是因为它是早期商队出于纯粹的地理因素考虑的必经之地。人们将位于此处约1000公里长的咽喉称为"河西走廊",它的南北两面被不可逾越的山脉和沙漠阻隔,因而在某些地方,河西走廊仅有15公里的宽度。但无论如何,古时占领河西走廊就意味着对丝绸之路的控制。

左图和下图：嘉峪关周边的长城保存完好。在这座城市的东北地区发现了曹魏（220—266年）和晋朝(266—420年)时期的墓地，即新城魏晋壁画墓，那里有值得一看的壁画。在嘉峪关的南面是文殊山，山上凿有大量石窟，特别是"一千座佛石窟"，中文称"千佛洞"

丝绸之路东段　335

张掖

　　张掖曾是丝绸之路上著名的贸易中心，而且它拥有两条河流，也使得它成为在沙漠中欣欣向荣的农业中心。如今，中国最大的卧佛又是这座现代都市中一个主要的旅游景点。这是一尊象征佛陀对涅槃期盼的雕塑，有 30 多米长，几百年来它卧在大佛寺的木柱顶下，除此之外，张掖周边地区还给人们提供了几个超级热门的旅游景点。

　　最新的景点之一是张掖丹霞国家地质公园，那里有奇异的彩虹丘陵。

下图：拥有漫长历史的巨大佛像的耳朵上能同时站立8个人，雕像的肩有7米多宽。艺术家将背景中的10名学生雕刻得栩栩如生

左图：城市中的著名木塔重建在6世纪北周时期的一座寺庙遗址上，于1926年竣工

丝绸之路东段　337

张掖丹霞国家地质公园

有些风景似乎那么不真实，以至于被认为是人类给它助了一臂之力。在张掖丹霞国家地质公园，倘若你的眼前出现了宽阔的山坡，它们又仿佛是被画家用巨大的粉彩笔画上了各种各样的线条，那么这种不真实感会更加强烈。然而，这些山丘上的彩虹还真是大自然形成的。

经过了几百万年，原本红色的砂砾岩被冲刷掉了，于是它们下面的地层显露了出来。在严酷的霜冻与风相结合的沙漠气候下，这里形成了完全特殊的地质结构。染上色彩的沉积岩石如同绘画中完美的线条，穿梭于整个风景之中。景点之间有几辆巴士来回奔忙。

左图和四幅下图：位于中国的张掖丹霞国家地质公园的这片彩色岩层被称为"彩虹丘陵"，乍看一眼，你会以为这是一块假的调色板。不过，砂砾岩的色彩真的是大自然美丽心情的反映，并不是由于化学或其他人类文明带来的有毒废物造成的

丝绸之路东段 339

兰州

直到 1656 年，以"金城郡"闻名的兰州曾经地处战略上重要的黄河段。中国长城的一部分从武威附近延伸至此，甚至一个 19 世纪时的城市模型仍然显示出繁荣的河岸聚居地，那里有码头、供农业使用的大型水车、两座佛塔和许多高大典雅的建筑。1909 年又建造起第一座固定的跨河大桥，甚至这座大桥的建筑部件都是在德国预先定制的。

如今，兰州已经成为通往乌鲁木齐的新高铁线路的中转站，也拥有了供自己的地铁网使用的第一批地铁车辆。在这迅速发展起来的黄河边大都市周围，你会发现许多历史悠久的寺庙和古迹以及壮观的自然风景。

左图和两幅下图：在兰州的公园里，生活依旧传统，装饰华丽的中国式亭子邀请人们来此休闲。同时，在白塔山公园（见左下图）中，佛教的诵经创造出一种冥思的氛围，与在城市高层建筑（见左图）中的日常生活形成鲜明对比

丝绸之路东段 345

炳灵寺石窟

炳灵寺位于兰州以西约 100 公里处，由将近 200 个窟龛、将近 700 个石雕像、80 多个泥塑像和无数的壁画组成，它们是从 5 世纪开始逐渐完成的。虽然从数量上看，石窟中并没有像它名字的藏语意思"十万尊佛"那样数量庞大，但它依然十分壮观。

这些石窟的地理位置比较偏远，它们位于刘家峡水库的岸边，但是水库已经将石窟下的古商队路线淹没。建造在悬崖上的石窟分上下两层，长度超过 2 公里，因此，如果有人想要参观最偏远处的石窟，那么走完漫长的路途对你的身体是具有挑战性的。

下图和最左下两幅图：在炳灵寺石窟中，大多数佛像和壁画是唐朝时期的作品

左图：在岩石上凿出的巨大雕像是弥勒佛，也叫未来佛

右下两幅图从上至下：正观音，又称大慈观音，第70窟（唐朝）；北周时代的佛像，第6窟

丝绸之路东段　347

武威

天水

348　丝绸之路　连通伊斯坦布尔和中国西安的历史之路

早在 5000 年前已经有人在今天的武威地区定居，武威古称凉州，由于它地处河西走廊的东端，因此成为历史悠久的丝绸之路上最主要的站点之一。古墓中发现的陶瓷、漆器和铜器显示，凉州在汉朝时代经历了自己的鼎盛时期。

这座如今的现代都市以它的"奔马"而闻名。1969 年，在雷台寺下的古墓中发现了一匹铜奔马，它的一只马蹄踩在一只飞翔的燕子上，而其复制品则是武威最重要的纪念碑之一，甚至青铜骑兵俑也被复制。另外的旅游景点有大云寺、鸠摩罗什寺和 15 世纪的文庙。

两幅左图：漂亮的建筑群是明代为古老的中国学者孔子而建的寺庙，它也是甘肃最大、保存最完好的庙宇。如今，它作为博物馆使用，令人印象深刻的是西部的碑亭，还有一座荣誉门（德文词意是荣誉门，但未能查到文庙中有此门，不知是否指棂星门——译者注）

天水下辖秦州区和麦积区两个城区。人们在秦州区还能见到纵横交错的小巷和传统民居。不过，在这纵横交错的环境中，却还有一座明代建筑群伏羲庙和许多漂亮的柏树。传说伏羲教会了中国人饲养牲口、捕鱼和狩猎，此建筑就是为纪念他而建。从具有 700 余年历史的道教玉泉观上，人们可以欣赏城市的美丽风景。在城南的秦岭山脉山坡上耸立着一座孤峰，它让人联想到干草垛，因此它也被称为麦积山（"麦子仓库"），并以其石窟中拥有佛教雕塑而闻名，而这个石窟也是中国著名石窟之一。

两幅左图：玉泉观的词义是玉泉源道观，它立于天水市城北的天靖山脚下。早在 8 世纪这里就已经是重要道观之一。在明清时代，这座道观被多次新建和改建，现在的建筑呈现的是 1981 年进行过大规模翻修后的面貌

丝绸之路东段

麦积山石窟

天水东南面的佛教石窟历史至少可以追溯到十六国时期。它拥有194个石窟，位于麦积山砂岩崖的30至80米高处，是中国最大的四个石窟之一。石窟中有10000多座来自不同时代的雕塑（大多数是泥塑），还有面积超过1000平方米的壁画。这些雕塑大多栩栩如生，包括雕塑的服饰都刻画得非常细致，其中最大的一尊有16米高，最小的仅10厘米。一场地震于9世纪时摧毁了这座宏伟石窟的中部。因此，人们今天看到的山间凹壁中的雕塑，有一部分是在之后几个朝代中创造的复制品。

两幅左图和下图：一尊6世纪时期的巨大弥勒佛雕塑矗立在麦积山石窟上（见下图及最左图）。通过狭窄的室外楼梯和平台，人们可以从一个石窟爬到另一个。石窟内有许多泥塑。遗憾的是，出于保护的原因这些石窟都关闭着，只有在特殊情况下，向导偶尔会打开一个

丝绸之路东段

西安

满载着纸卷、丝绸布料、清漆,当然也有铁器的骆驼曾经从这里出发前往欧洲。西安是西汉丝绸之路的起点,同时以通往西域的大门而著称。随着商队西行的有黄金、宝石、纸张、漆器、青铜器和铁器,与此同时,佛教也随之从亚洲传到了欧洲。

历史上称西安为长安,其意是希望所居之地"长久平安"。西安不仅是丝绸之路的起点,同时也曾经是十三个朝代的都城,有几十座古代帝王陵。不过,要不是四十多年前在它的附近发现了著名的兵马俑,这座中国古都早已被人们所淡忘。但兵马俑不是西安唯一的旅游胜地,寺庙、宝塔、城墙和历史博物馆使得西安城市之旅丰富多彩。

下图：西安钟楼标志着老城区的地理中心，这里曾有从东南西北通往城墙的宽阔街道。高36米的砖木结构塔楼于1384年在明朝皇帝朱元璋（1328—1398年）统治时期建造而成

左图：从城墙看夜景，它体现了西安夜生活的全貌

西安：城墙和城门

14 世纪，当朱元璋的军队征服西安之后，他按照学士提出的"高筑墙、广积粮、缓称王"策略，修筑了西安城墙。自 1368 年起，朱元璋成为统治中国的皇帝，并创建了明朝。洪武帝朱元璋给西安留下了中国保存最好的古城墙。

这座城墙如同一个气势庞大的四边形，围住了这个现在的大都市。城墙的高度有 12 米。如今以砖结构展现的防御工事，当年只是用土、黏土和糯米建造起来的。后来，人们才在外层用砖将城墙加固。过去的护城河现在已经几乎无法辨认，但具有特色的城垛和许多塔楼形状的门依然保存完好。

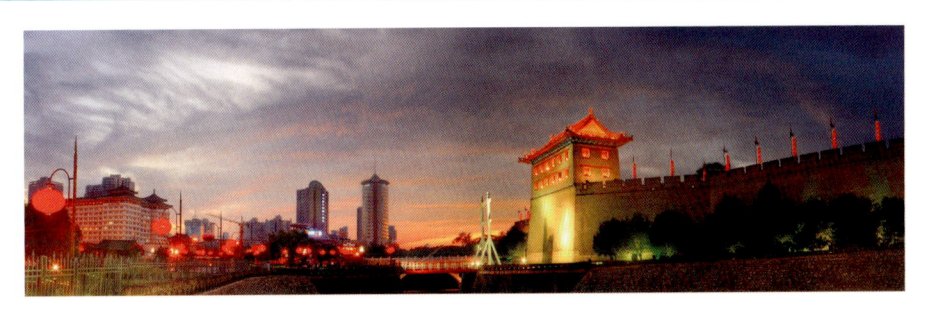

下图：城墙上间隔约120米就凸起一座马面，但它们并未能全部保存到今天。在长乐门和永宁门之间，城墙东南角上是这座角楼

左图：最初建造的四座城门有三座被保存下来，这是其中之一。而这座城门是整座城墙中最漂亮的城门。为了方便交通，如今的城市在城墙上建造了一些现代化的门

丝绸之路东段

西安：大雁塔

有一天，当某寺院的一位僧侣断了食物的时候，突然有一只雁从天而降。僧人把这只雁看作上天的象征，并为它建了一座塔。这至少是围绕着这座古代建筑的众多传说之一。无论如何，这是一座于652年就初建的塔，它有着漫长的历史。

据说游走的僧人玄奘曾经将佛经从梵文翻译成中文。中国经典小说《西游记》讲述了他的人生故事。大雁塔的后面有一座大型的纪念玄奘的铜像。在大雁塔内还有一座七层的楼梯通往塔顶，人们可以在那里欣赏城市全貌。随着时间的推移，大雁塔的周围也添加了一些辅助性的寺庙，于是这里形成了一个完整的建筑总体。

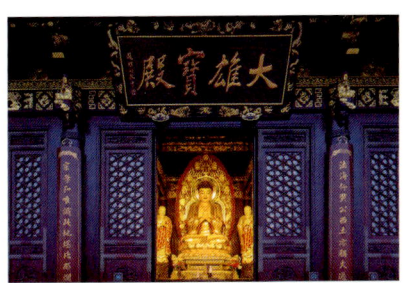

两幅左图和两幅下图：大雁塔建于7世纪，其主要作用也是为了保存珍贵的文献免于火灾。大慈恩寺的首任上座住持玄奘受皇帝的委托，请来了50名学者将佛经从梵文译成中文，以此方式诞生的1335卷译经创立了翻译行业的新时代

丝绸之路东段 357

西安：秦始皇陵

在中国第一位皇帝秦始皇（嬴政）于公元前221年统一了帝国之后，他开始在西安东北约30公里的地方建造与他身份相符的陵墓。1974年，当地农民在挖井时碰到了兵马俑的碎片，人们这才发现这里不仅仅只是一座明显的坟山。这些碎片是尚未全部被发掘的秦始皇的地下军队的一部分，而这支军队目前发掘出来有8000多名士兵。每一个兵马俑都有各自不同的面容。他们在兵马俑坑以战斗队形排列，这支军队应该是用来保护已逝的皇帝并以此神奇的方式保护他的帝国免受外界恶势力的侵犯，同时也将被葬者具有的显赫地位记录下来。直至今日，只有大约四分之一的陵墓被发掘出来。

左图和四幅下图：在西安附近的临潼发掘出了8000多个兵马俑。许多比真人高大，原本是彩色的陶俑被修复，然后被放回原始位置。然而，这些陶俑一旦接触到光就会失去它们原本的颜色。另外的珍贵陪葬品是两辆实物大小的青铜马车

丝绸之路东段

历史悠久的丝绸之路连接了东方与西方。它并不只是一条可以通行的丝绸之路，而是一张由不同路线组成的网。当然，在几个世纪的时间长河中，一条主要的道

路逐渐形成。这些道路穿越荒芜的沙漠和贫瘠的高原，沿着浩瀚的河流，经过原始的风景。传奇般的城市在丝绸之路沿线被建立起来，它们的财富和装饰有时会让人联想到《一千零一夜》中的童话故事。

下图：中国张掖丹霞国家地质公园的岩石地层几乎显得不真实，然而，它们确实是由大自然的风雨从砂砾岩中吹洗而来

索引

A
阿达纳 76—77
阿尔金埃梅尔国家公园 280—281
阿菲永 60—61
阿菲永：弗里吉亚山谷 60—61
阿拉阿查国家公园 274—275
阿拉木图 276—277
阿勒颇 146—149
阿勒颇：城塞 148—149
阿勒颇：大清真寺 148—149
阿尼古城 104—105
阿斯塔那古墓群 318—319
阿斯特拉罕 122—123
阿特劳 124—125
阿亚兹·卡拉遗址 130—131
埃almost 祖鲁姆 102—103
奥什 264—265

B
巴尔米拉 160—161
巴格达 164—167
巴格达：卡兹米耶清真寺 166—167
巴音布鲁克草原 308—309
贝伊谢希尔：艾休雷夫鲁清真寺 70—71
比索通 172—173
炳灵寺石窟 346—347
柏孜克里克千佛洞 320—321
布尔萨 52—57
布尔萨：大清真寺 56—57
布尔萨：绿色陵墓 54—55
布尔萨：绿色清真寺 54—55
布哈拉 228—239
布哈拉：阿卜杜勒·阿齐兹汗伊斯兰学校 234—235
布哈拉：波洛·哈兹清真寺 234—235
布哈拉：喀龙清真寺 232—233
布哈拉：米尔阿拉伯伊斯兰学校 232—233
布哈拉：斯托莱·默伊·克萨（埃米尔夏宫） 238—239
布哈拉：四塔伊斯兰学校 236—237
布哈拉：雅克城堡 230—231

D
大高加索山脉 118—119
大马士革 152—159
大马士革：哈米迪亚巴扎 158—159
大马士革：帕夏阿萨德驿站 158—159
大马士革：赛义达·鲁卡亚清真寺 156—157
大马士革：倭马亚大清真寺 154—155
德黑兰 174—183
德黑兰：大巴扎 178—179
德黑兰：戈勒斯坦宫 180—181
德黑兰：革命纪念馆 182—183
德黑兰：伊朗国家博物馆 182—183
迪夫里伊 100—101
第比利斯 106—115
第比利斯：教堂 114—115
第比利斯：老城区 112—113
敦煌 326—327

F
费尔干纳盆地 260—261

G
高昌故城 316—317
戈壁沙漠 324—325
格罗兹尼 120—121

H
哈马 150—151
浩罕 256—259
浩罕：胡达雅尔汗宫 258—259

J
加泰土丘 72—73
嘉峪关 334—335
交河故城 312—313

K
喀什 290—293
喀什：阿巴和加麻札（墓） 292
喀什：艾提尕尔清真寺 293
喀什：巴扎 292—293
卡尔巴拉：伊玛目侯赛因圣陵 168—171
卡尔斯 104—105
卡拉库姆沙漠 126—127
卡帕多基亚 80—91
卡帕多基亚：格雷梅 88—89
卡帕多基亚：格雷梅国家公园的洞穴教堂 90—91
卡帕多基亚：乌奇希萨尔 88—89
卡帕多基亚：仙女烟囱 82—83
卡尚 192—201
卡尚：奥高勃尔佐尔格清真寺 194—195
卡尚：巴扎 196—197
卡尚：布鲁杰迪宅院 200
卡尚：费恩花园 201
卡尚：苏丹埃米尔·艾哈迈德浴室 198—199
卡维尔盐漠 214—217
开塞利 92—95
科尼亚 62—69
科尼亚：德尔维希 68—69
科尼亚：梅乌拉那博物馆 64—67
克孜尔石窟 300—301
克孜勒·卡拉遗址 130—131
克孜勒库姆沙漠 126—127
库车 302—303
库车天山大峡谷 304—307
库尔勒 310—311
库姆 184—191
库姆：法蒂玛·马苏玛圣陵 188—191
库姆：伊玛目哈桑·阿斯卡里清真寺 186—187
库尼亚-乌尔根奇 128—129
昆仑山 294—295

L
来自沙漠的葡萄酒 322—323
兰州 344—345

M
马可·波罗 10—11
马什哈德 218—223
马什哈德：伊玛目礼萨圣陵 220—223
麦积山石窟 350—351
梅尔夫古城 224—225
梅克湖 74—75
莫高窟 328—331
姆茨赫塔古城 116—117

P
帕米尔高原 266—267

Q
恰伦大峡谷 282—283
屈塔希亚 60—61

S
撒马尔罕 240—255
撒马尔罕：比比哈努姆清真寺 248—249
撒马尔罕：古尔埃米尔陵墓 250—251
撒马尔罕：季里雅-卡利伊斯兰学校 242—245
撒马尔罕：乌鲁伯格伊斯兰学校 247
撒马尔罕：夏伊辛达陵墓 254—255
撒马尔罕：谢尔多尔（狮子）伊斯兰学校 246
赛德纳亚 150—151
赛里木湖 284—285

莎车 332—333
丝绸 262—263
丝绸之路 2—3
丝绸之路的经济和文化意义 12—15
丝绸之路的历史 8—9
丝绸之路的走向 4—5
丝绸之路主路和它的支路 6—7

T
塔克拉玛干沙漠 298—299
塔什干 270—273
塔什干：埃米尔·帖木儿博物馆 273
塔什干：哈兹拉提伊玛目建筑群 272
塔什干：库尔克达什伊斯兰学校 273
塔什干：圣母升天大教堂 272
塔什库尔干的短途旅行 296—297
塔伊波斯坦 172—173
天山 284—285
天水 348—349
帖木儿 252—253
吐鲁番 314—315
托罗斯山脉 74—75

W
乌鲁木齐 286—287
武威 348—349

X
西安 352—359
西安：城墙和城门 354—355
西安：大雁塔 356—357
西安：秦始皇陵 358—359
西蒙修道院 144—145
希瓦古城 132—141
锡瓦斯 96—99
锡瓦斯：双宣礼塔伊斯兰学校 98—99
叙利亚北部古村落群 144—145

Y
伊犁阿拉套国家公园 278—279
伊钦卡拉内城（希瓦古城） 132—141
伊钦卡拉内城：阿明伊斯兰学校 138—139
伊钦卡拉内城：霍贾宣礼塔 134
伊钦卡拉内城：卡尔塔小型尖塔 136—137
伊钦卡拉内城：帕拉翁·马哈穆德陵墓 135
伊钦卡拉内城：塔石·浩利宫 140—141
伊钦卡拉内城：星期五清真寺 138—139
伊斯法罕 202—213
伊斯法罕：阿里·卡普宫 210—211
伊斯法罕：郝久古桥 212—213
伊斯法罕：谢洛克弗拉清真寺 208—209
伊斯法罕：伊玛目广场 204—205
伊斯法罕：伊玛目清真寺 206—207
伊斯兰教中的清真寺 38—39
伊斯坦布尔 18—49
伊斯坦布尔：阿拉斯塔巴扎 40—41
伊斯坦布尔：大巴扎 40—41
伊斯坦布尔：费特希耶清真寺 46—47
伊斯坦布尔：科拉教堂 48—49
伊斯坦布尔：蓝色清真寺（苏丹艾哈迈德清真寺） 36—37
伊斯坦布尔：圣索菲亚大教堂 24—29
伊斯坦布尔：苏莱曼清真寺 42—43
伊斯坦布尔：托普卡帕宫 30—35
伊斯坦布尔：新清真寺（耶尼清真寺） 44—45
伊兹尼克 50—51
幼发拉底河 162—163

Z
张掖 336—337
张掖丹霞国家地质公园 338—343
朱马勒克兹克小镇 58—59

图片说明

C = Corbis（考比斯图片库）
G = Getty Images（盖蒂图片库）
M = Mauritius Images（毛里求斯图片库）

封面图片（第298—299页图）：G/Feng Wei（冯巍，音）
图片页第2—3页图：G/View Stock（美好景象）、第4—5页图：C/David Sutherland（大卫·萨瑟兰）、第6—7页图：G/Jos Fuste Raga（何塞·福斯特·拉加）、第8—9页图：G/byheaven（天空）、第10—11页图：G/Ayhan Altun（艾汉·阿尔图）、第12—13页图：G/Melvyn Longhurst（梅尔文·朗赫斯特）、目录页第2—3页图：G/Simon Yu（西蒙·余）、第4—5页图：G/Panoramic Images（全景图像）；正文第2—3页图：G/Ratnakorn Piyasirisorost（拉特纳科恩·皮亚西里索罗斯特、第4—5页图：G/Keren Su（苏克任）、第5页图：G/A. Dagli Orti（达格利·奥尔蒂）、第6—7页图：G/Sino Images（中国图像）、第8页图：M/Gavin Hellier（加文·海利尔）、第8—9页图：G/Ratnakorn Piyasirisorost（拉特纳科恩·皮亚西里索罗斯特）、第10—11页图：C/Archivo Iconografico（图像档案）、第11页图：G/Print Collector（印刷物收集者）、第11页图：G/Italian School/Art Images（意大利学校/艺术图片）、第12—13页图：G/byheaven（天空）、第13页图：G/Ipsumpix（Ipsumpix图像）、第14页图：M/Guillem Lopez（吉勒姆·洛佩兹）、第14—15页图：M/Stefan Auth（斯特凡·奥特）、第15页图：M/Alamy（阿拉米图片社）、第16—17页图：G/Nejdetduzen（内杰德·杜赞）、第18—19页图：G/Tanatat Pongphibool（塔纳塔特·蓬菲布尔）、第19页图：C/Jeremy Horner（杰里米·霍纳）、第19页图：C/Peter Adams（皮特·亚当斯）、第20—23页图：G/Paul Hardy（保罗·哈代）、第24—25页图：G/Frederic Soltan（弗雷德里克·索尔坦）、第25页图：C/Massimo Borchi（马西莫·博尔基）、第26—27页图：G/Tetra Images（Tetra图像）、第28页图：G/Silvia otte（瑟尔维亚·奥特）、第28—29页图：G/R. Hackenberg（R.哈肯伯格）、第29页图：C/Andrea Jemolo（安德里亚·杰莫洛）、第30—31页图：Look/age（看/年龄图片库）、第31页图：G/Paul Williams（保罗·威廉姆斯）、第32—33页图：M/Karl F. Schöfmann（卡尔·F.舍夫曼）、第33页图：M/Paul Williams（保罗·威廉姆斯）、第34页图：M/United Archives（联合档案馆）、第34—35页图：M/Alamy（阿拉米图片社）、第35页图：C/Bob Krist（鲍勃·克里斯特）、第36—37页图：G/Mark Thomas（马克·托马斯）、第37页图：G/David Hastilow（大卫·哈斯蒂洛）、第38—39页图：M/Fabian von Poser（法比安·冯·波斯尔）、第39页图：G/Panoramic Images（全景图像）、第40—41页图：C/Massimo Borchi（马西莫·博尔基）、第41页图：M/Ian Dagnall（伊恩·达纳尔）、第42页图：C/Pascal Deloche（帕斯卡·德洛切）、第42—43页图：M/David Noton（戴维·诺顿）、第43页图：M/age（年龄）、第44—45页图：C/Massimo Borchi（马西莫·博尔基）、第45页图：Look/Rainer Martini（雷纳·马提尼）、第45页图：Look/age（看/年龄图片库）、第46—47页图：M/Alamy（阿拉米图片社）、第47页图：M/Alamy（阿拉米图片社）、第47页图：M/Alamy（阿拉米图片社）、第48—49页图：G/Izzet Keribar（伊泽特·克里巴）、第49页图：G/Izzet Keribar（伊泽特·克里巴）、第49页图：M/Martin Siepmann（马丁·西普曼）、第49页图：C/Bob Krist（鲍勃·克里斯特）、第50—51页图：G/Nejdetduzen（内杰德·杜赞）、第51页图：G/ralucahphotography.ro网站、第51页图：G/Nejdetduzen（内杰德·杜赞）、第52—53页图：G/Izzet Keribar（伊泽特·克里巴）、第53页图：G/Izzet Keribar（伊泽特·克里巴）、第53页图：M/Westend61（西区61）、第54—55页图：G/Kevin Yulianto（凯文·尤利安托）、第55页图：G/Angel Villalba（安琪儿·维拉尔巴）、第55页图：G/Martin Siepmann（马丁·西普曼）、第55页图：M/Westend61（西区61）、第56—57页图：G/Martin Siepmann（马丁·西普曼）、第57页图：G/Kevin Yulianto（凯文·尤利安托）、第58—59页图：G/Martin Siepmann（马丁·西普曼）、第59页图：G/Izzet Keribar（伊泽特·克里巴）、第59页图：G/Izzet Keribar（伊泽特·克里巴）、第60页图：M/Alamy（阿拉米图片社）、第60页图：M/Ayhan Altun（艾汉·阿尔图）、第61页图：G/Izzet Keribar（伊泽特·克里巴）、第61页图：M/Alamy（阿拉米图片社）、第62—63页图：G/Assawin Chomjit（阿萨温·乔吉特）、第63页图：G/Jon Bower（乔恩·鲍尔）、第64—65页图：M/Martin Siepmann（马丁·西普曼）、第65页图：M/Martin Siepmann（马丁·西普曼）、第66—67页图：G/Izzet Keribar（伊泽特·克里巴）、第68页图：G/Uchar（乌查尔）、第68-69页图：G/Uchar（乌查尔）、第69页图：G/Tuul and Bruno Morandi（图尔和布鲁诺·莫兰迪）、第69页图：G/Uchar（乌查尔）、第70—71页图：G/Izzet Keribar（伊泽特·克里巴）、第71页图：G/Izzet Keribar（伊泽特·克里巴）、第71页图：G/Izzet Keribar（伊泽特·克里巴）、第71页图：G/Izzet Keribar（伊泽特·克里巴）、第72—73页图：M/Alamy（阿拉米图片社）、第73页图：M/Alamy（阿拉米图片社）、第73页图：M/Alamy（阿拉米图片社）、第74—75页图：G/1001slide（1001幻灯片）、第74—75页图：G/Izzet Keribar（伊泽特·克里巴）、第76—77页图：M/Westend61（西区61）、第77页图：G/Ayhan Altun（艾汉·阿尔图）、第78—79页图：G/Coolbiere（酷比尔）、第80—81页图：G/Kerry Whitworth（克里·惠特沃思）、第81页图：Look/Rainer Mirau（雷纳·米劳）、第82—83页图：C/Anna Serrano（安娜·塞拉诺）、第83页图：Look/Rainer Mirau（雷纳·米劳）、第84—87页图：G/Panoramic Images（全景图像）、第88页图：G/Emre Turan（埃姆雷·图兰）、第88页图：Look/age（看/年龄图片库）、第88—89页图：G/Stanley Chen Xi（陈曦）、第88—89页图：G/Afriandi（阿夫林迪）、第90—91页图：G/Paul Seheult（保罗·塞霍尔特）、第91页图：G/Ron Watts（罗恩·瓦茨）、第92—93页图：G/Peerakit Jlrachetthakun（皮拉基特·吉拉切塔昆）、第93页图：G/Ayhan Altun（艾汉·阿尔图）、第94—95页图：G/Izzet Keribar（伊泽特·克里巴）、第96—97页图：G/Izzet Keribar（伊泽特·克里巴）、第97页图：G/Izzet Keribar（伊泽特·克里巴）、第97页图：G/Izzet Keribar（伊泽特·克里巴）、第98—99页图：G/Izzet Keribar（伊泽特·克里巴）、第100—101页图：G/Izzet Keribar（伊泽特·克里巴）、第101页图：G/Nik Wheeler（尼克·惠勒）、第102—103页图：G/Uchar（乌查尔）、第103页图：Look/Thomas Stankiewicz（托马斯·斯坦基维茨）、第103页图：G/Izzet Keribar（伊泽特·克里巴）、第104—105页图：G/Jane Sweeney（简·斯威尼）、第105页图：M/John Warburton-Lee（约翰·沃伯顿-李）、第105页图：G/Izzet Keribar（伊泽特·克里巴）、第105页图：G/Izzet Keribar（伊泽特·克里巴）、第105页图：M/Martin Siepmann（马丁·西普曼）、第106—107页图：G/José Fuste Raga（何塞·福斯特·拉加）、第107页图：G/Eric Nathan（埃里克·内森）、第108—111页图：G/Nutthavood Punpeng（纳特哈沃德·潘朋）、第112—113页图：G/Jane Sweeney（简·斯威尼）、第113页图：G/Philipp Chistyakov（菲利普·切斯蒂亚科夫）、第114页图：G/Juergen Ritterbach（尤尔根·里特尔赫）、第114—115页图：G/Eddie Gerald（埃迪·杰拉德）、第115页图：G/Jane Sweeney（简·斯威尼）、第115页图：G/Philip Game（菲利普·盖姆）、第116页图：G/Jose Fuste Raga（何塞·福斯特·拉加）、第116—117页图：G/Jose Fuste Raga（何塞·福斯特·拉加）、第117页图：G/Stacy Pearsall（斯泰西·皮尔萨尔）、第118—119页图：G/Tanatat pongphibool（塔纳塔特·蓬菲尔）、第119页图：G/Roland Shainidze（罗兰·沙伊尼泽）、第119页图：G/Roland Shainidze（罗兰·沙伊尼泽）、第119页图：M/Kasia Nowak（卡西娅·诺瓦克）、第119页图：G/Eddie Gerald（埃迪·杰拉德）、第119页图：M/Daniel Santos Megina（丹尼尔·桑托斯·梅吉纳）、第120—121页图：G/Frank Herfort（弗兰克·赫福特）、第121页图：G/Anadolu Agency（阿纳多卢通讯社）、第121页图：G/Frank Herfort（弗兰克·赫福特）、第122页图：G/Martin Moos（马丁·穆斯）、第122—123页图：G/Martin Moos（马丁·穆斯）、第123页图：G/Mordolff（莫尔多夫）、第124—125页图：M/Alamy（阿拉米图片社）、第125页图：G/Martin Moos（马丁·穆斯）、第125页图：G/Martin Moos（马丁·穆斯）、第126页图：C/Daniel Kreher（丹尼尔·克莱尔）、第126页图：M/Konstantin Kikvidze（康斯坦丁·基克维泽）、第127页图：M/Ville Palonen（维尔·帕洛宁）、第127页图：G/Daniel Kreher（丹尼尔·克莱尔）、第128—129页图：Look/Superstock（超级图库）、第129页图：G/C. Sappa（C.萨帕）、第130—131页图：G/Kelly Cheng（凯利·程）、第130—131页图：M/Alamy（阿拉米图片社）、第132—133页图：G/Frans Sellies（弗兰斯·塞利斯）、第133页图：G/Tuul & Bruno Morandi（图尔和布鲁诺·莫兰迪）、第134页图：M/Alamy（阿拉米图片社）、第135页图：M/Ivan Vdovin（伊万·维多文）、第136—137页图：G/Marc Dozier（马克·多泽尔）、第137页图：M/Alamy（阿拉米图片社）、

图片说明 363

图片说明

第 138 页图：G/Marc Dozier（马克·多泽尔）、第 138—139 页图：G/Marc Dozier（马克·多泽尔）、第 139 页图：G/Marc Dozier（马克·多泽尔）、第 140—141 页图：M/John Warburton-Lee（约翰·沃伯顿-李）、第 141 页图：G/Tom Ang（汤姆·安）、第 141 页图：G/Tuul & Bruno Morandi（图尔和布鲁诺·莫兰迪）、第 141 页图：M/Jose Fuste Raga（何塞·福斯特·拉加）、第 142—143 页图：G/Rasoul Ali（拉苏尔·阿里）、第 144 页图：G/Egmont Strigl（埃格蒙特·斯特里格尔）、第 144 页图：Look/age（看/年龄图片库）、第 144 页图：Look/age（看/年龄图片库）、第 145 页图：Look/age（看/年龄图片库）、第 145 页图：G/Julian Love（朱利安·洛夫）、第 146—147 页图：G/Michele Falzone（米歇尔·法尔宗）、第 147 页图：G/Holger Leue（霍尔格·勒伊）、第 148—149 页图：G/Tim Barker（蒂姆·巴克尔）、第 148—149 页图：M/age（年龄）、第 149 页图：Look/age（看/年龄图片库）、第 149 页图：M/Peter Horree（彼得·霍里）、第 150 页图：G/Julian Love（朱利安·洛夫）、第 150 页图：Look/age（看/年龄图片库）、第 151 页图：G/Tiberio Frascari（提比里奥·弗拉斯卡里）、第 151 页图：M/Photononstop（照片不断）、第 152—153 页图：M/Alamy（阿拉米图片社）、第 153 页图：Look/age（看/年龄图片库）、第 154—155 页图：G/Tim Barker（蒂姆·巴克尔）、第 155 页图：Look/age（看/年龄图片库）、第 155 页图：M/Alamy（阿拉米图片社）、第 156—157 页图：M/Marco Brivio（马尔科·布里维奥）、第 157 页图：M/Paul Gapper（保罗·盖珀）、第 157 页图：M/John Warburton-Lee（约翰·沃伯顿-李）、第 157 页图：G/Tim Barker（蒂姆·巴克尔）、第 158 页图：M/Jens Benninghofen（延斯·本宁霍芬）、第 158 页图：Look/age（看/年龄图片库）、第 159 页图：M/Jens Benninghofen（延斯·本宁霍芬）、第 159 页图：M/Cultura（文化）、第 160—161 页图：G/Richard McManus（理查德·麦克马纳斯）、第 161 页图：G/Alison Wright（艾莉森·赖特）、第 161 页图：Look/age（看/年龄图片库）、第 161 页图：Look/age（看/年龄图片库）、第 161 页图：Look/age（看/年龄图片库）、第 162—163 页图：G/Michele Falzone（米歇尔·法尔佐内）、第 163 页图：G/G. Dagli Orti（达格利·奥尔蒂）、第 163 页图：G/Matt Moyer（马特·莫耶）、第 164—165 页图：G/Hussain Isa Aldurazi（侯赛因·伊萨·阿尔杜拉齐）、第 165 页图：G/Graham Crouch（格雷厄姆·克劳奇）、第 165 页图：G/Rasoul Ali（拉苏尔·阿里）、第 165 页图：M/Nico Tondini（尼科·托迪尼）、第 166—167 页图：M/Rasoul Ali（拉苏尔·阿里）、第 167 页图：G/Rasoul Ali（拉苏尔·阿里）、第 167 页图：183 Look/age（看/年龄图片库）、第 168—169 页图：G/Rasoul Ali（拉苏尔·阿里）、第 169 页图：M/Rasoul Ali（拉苏尔·阿里）、第 169 页图：M/Rasoul Ali（拉苏尔·阿里）、第 169 页图：M/Rasoul Ali Abulaahmah（拉苏尔·阿里·阿布拉哈马）、第 170—171 页图：G/Rasoul Ali（拉苏尔·阿里）、第 172 页图：G/Tibor Bognar（提博尔·博格纳）、第 172 页图：M/age（年龄）、第 172—173 页图：G/Germán Vogel（赫尔曼·沃格尔）、第 172—173 页图：G/Germán Vogel（赫尔曼·沃格尔）、第 174—175 页图：G/Sam Javanrouh（山姆·贾凡鲁）、第 175 页图：G/Cescassawin（切萨维）、第 176—177 页图：G/Kami（卡米）、第 178—179 页图：G/Tim Gerard Barker（蒂姆·杰拉德·巴克）、第 179 页图：G/Richard I'Anson（理查德·安森）、第 179 页图：G/Kami（卡米）、第 179 页图：G/Richard I'Anson（理查德·安森）、第 179 页图：G/Richard I'Anson（理查德·安森）、第 180—181 页图：M/Alamy（阿拉米图片社）、第 181 页图：G/Jose Fuste Raga（何塞·福斯特·拉加）、第 181 页图：G/Bettmann（贝特曼）、第 181 页图：M/Alamy（阿拉米图片社）、第 181 页图：M/Alamy（阿拉米图片社）、第 182 页图：G/Dennis Stone（丹尼斯·斯通）、第 182—183 页图：G/Germán Vogel（赫尔曼·沃格尔）、第 183 页图：G/W. Buss（W. 布斯）、第 184—185 页图：M/age（年龄）、第 185 页图：M/Eric Lafforgue（埃里克·拉弗格）、第 185 页图：Look/age（看/年龄图片库）、第 186—187 页图：M/Sylvain Dossetto（西尔万·多塞托）、第 187 页图：M/Sylvain Dossetto（西尔万·多塞托）、第 187 页图：M/Jose Fuste Raga（何塞·福斯特·拉加）、第 188—189 页图：G/Jose Fuste Raga（何塞·福斯特·拉加）、第 189 页图：G/Eric Lafforgue（埃里克·拉弗格）、第 189 页图：G/Jason Edwards（詹森·爱德华兹）、第 189 页图：G/Jason Edwards（詹森·爱德华兹）、第 189 页图：G/German Vogel（杰曼·沃格尔）、第 190—191 页图：G/Jose Fuste Raga（何塞·福斯特·拉加）、第 192—193 页图：M/Alamy（阿拉米图片社）、第 193 页图：M/Tjetjep Rustandi（特杰普·鲁斯坦迪）、第 194—195 页图：Look/age（看/年龄图片库）、第 196 页图：Look/age（看/年龄图片库）、第 196—197 页图：G/Richard I'Anson（理查德·安森）、第 197 页图：G/Izzet Keribar（伊泽特·克里巴）、第 197 页图：G/Izzet Keribar（伊泽特·克里巴）、第 197 页图：G/Tuul and Bruno Morandi（图尔和布鲁诺·莫兰迪）、第 198—199 页图：G/Richard I'Anson（理查德·安森）、第 199 页图：G/Tuul and Bruno Morandi（图尔和布鲁诺·莫兰迪）、第 199 页图：M/Jose Fuste Raga（何塞·福斯特·拉加）、第 200 页图：G/Eric Lafforgue（埃里克·拉弗格）、第 200 页图：G/Andrea Thompson（安德里亚·汤普森）、第 201 页图：G/Jose Fuste Raga（何塞·福斯特·拉加）、第 201 页图：G/Eric Lafforgue（埃里克·拉弗格）、第 202—203 页图：G/Walter Bibikow（沃尔特·比比科）、第 203 页图：G/Eric Lafforgue（埃里克·拉弗格）、第 203 页图：G/Richard I'Anson（理查德·安森）、第 204—205 页图：G/Paule Seux（保罗·修斯）、第 205 页图：M/Alamy（阿拉米图片社）、第 206—207 页图：C/Ugurhan Betin（乌古汉·贝廷）、第 207 页图：G/Izzet Keribar（伊泽特·克里巴）、第 207 页图：M/Alamy（阿拉米图片社）、第 207 页图：G/Izzet Keribar（伊泽特·克里巴）、第 207 页图：G/Izzet Keribar（伊泽特·克里巴）、第 207 页图：G/Izzet Keribar（伊泽特·克里巴）、第 208 页图：C/Frans Lanting（弗兰斯·兰廷）、第 208—209 页图：C/Frans Lanting（弗兰斯·兰廷）、第 209 页图：G/Tuul and Bruno Morandi（图尔和布鲁诺·莫兰迪）、第 210—211 页图：Look/age（看/年龄图片库）、第 211 页图：G/Alex Linghorn（亚历克斯·林霍恩）、第 211 页图：C/Massimo Pizzotti（马西莫·皮佐蒂）、第 211 页图：G/Prisma（普里斯马）、第 211 页图：C/Tibor Bognar（提博尔·博格纳）、第 212—213 页图：G/Richard I'Anson（理查德·安森）、第 213 页图：G/Tuul and Bruno Morandi（图尔和布鲁诺·莫兰迪）、第 214—215 页图：G/Richard I'Anson（理查德·安森）、第 215 页图：G/Babak Tafreshi（巴巴克·塔弗瑞什）、第 216—217 页图：G/Daniel Kreher（丹尼尔·克莱尔）、第 218—219 页图：G/Rasool Ali Abulaamah（拉苏尔·阿里·阿布拉玛）、第 219 页图：G/Kazuyoshi Nomachi（野町和嘉）、第 220—221 页图：G/Kazuyoshi Nomachi（野町和嘉）、第 221 页图：G/Ali Majdfar（阿里·马杰法尔）、第 221 页图：M/Alamy（阿拉米图片社）、第 222—223 页图：G/Rasoul Ali（拉苏尔·阿里）、第 224—225 页图：M/Alamy（阿拉米图片社）、第 225 页图：G/Anthony Asael（安东尼·阿塞尔）、第 225 页图：M/Jose Fuste Raga（何塞·福斯特·拉加）、第 225 页图：M/United Archives（联合档案馆）、第 226—227 页图：M/Jeff O'Brien（杰夫·奥布莱恩）、第 228—229 页图：G/Mariusz Kluzniak（马里乌兹·克鲁兹尼亚克）、第 229 页图：G/Mariusz Kluzniak（马里乌兹·克鲁兹尼亚克）、第 230—231 页图：M/Alamy（阿拉米图片社）、第 231 页图：G/Panoramic Images（全景图像）、第 232—233 页图：G/Cescassawin（切萨维）、第 233 页图：M/Alamy（阿拉米图片社）、第 234 页图：G/Katja Kreder（卡佳·克雷德）、第 234 页图：M/Jose Fuste Raga（何塞·福斯特·拉加）、第 235 页图：Look/age（看/年龄图片库）、第 235 页图：M/Jose Fuste Raga（何塞·福斯特·拉加）、第 236—237 页图：G/Marc Dozier（马克·多泽尔）、第 237 页图：M/John WarburtonLee（约翰·沃伯通利）、第 238—239 页图：M/Alamy（阿拉米图片社）、第 239 页图：G/Mariusz Kluzniak（马里乌兹·克鲁兹尼亚克）、第 240—241 页图：G/Stephane Lemaire（斯蒂芬妮·勒梅尔）、第 241 页图：G/Tuul and Bruno Morandi（图尔和布鲁诺·莫兰迪）、第 242—243 页图：G/Jose Fuste Raga（何塞·福斯特·拉加）、第 243 页图：G/K.M. Westermann（K.M. 韦特斯曼）、第 243 页图：G/Keren Su（苏克任）、第 244—245 页图：G/Jose Fuste Raga（何塞·福斯特·拉加）、第 246 页图：G/Marc Dozier（马克·多泽尔）、第 247 页图：G/Katja Kreder（卡佳·克雷德）、第 248—249 页图：M/Jose Fuste Raga（何塞·福斯特·拉加）、第 249 页图：M/age（年龄）、第 249 页图：M/Egmont Strigl（埃格蒙特·斯特里格尔）、第 250—251 页图：G/Stephane Lemaire（斯蒂芬妮·勒梅尔）、第 251 页图：G/Marc Dozier（马克·多泽尔）、第 251 页图：G/Marc Dozier（马克·多泽尔）、第 252 页图：M/Alamy（阿拉米图片社）、第 252—253 页图：G/Marc Dozier（马克·多泽尔）、第 253 页图：M/Alamy（阿拉米图片社）、第 254 页图：M/B.O'Kane（B. 奥凯

恩）、第 254—255 页图：M/B.O'Kane（B. 奥凯恩）、第 255 页图：Look/age（看/年龄图片库）、第 256—257 页图：G/Tuul and Bruno Morandi（图尔和布鲁诺·莫兰迪）、第 257 页图：G/Tuul and Bruno Morandi（图尔和布鲁诺·莫兰迪）、第 257 页图：M/Tuul and Bruno Morandi（图尔和布鲁诺·莫兰迪）、第 258—259 页图：M/Yoko Aziz（艾济之洋子）、第 259 页图：G/Jane Sweeney（简·斯威尼）、第 260—261 页图：G/Tuul and Bruno Morandi（图尔和布鲁诺·莫兰迪）、第 261 页图：M/Tuul and Bruno Morandi（图尔和布鲁诺·莫兰迪）、第 261 页图：M/Philippe Michel（菲利普·米切）、第 261 页图：G/Tuul and Bruno Morandi（图尔和布鲁诺·莫兰迪）、第 261 页图：G/Yuxuan Hou（侯宇轩，音）、第 262 页图：Look/Karl Johaentges（卡尔·约翰格斯）、第 262 页图：Look/Karl Johaentges（卡尔·约翰格斯）、第 262 页图：G/Nattapong Tonprasert（纳塔蓬·通普拉塞特）、第 262 页：G/Reed Kaestner（里德·凯斯特纳）、第 262—263 页图：G/Tuul and Bruno Morandi（图尔和布鲁诺·莫兰迪）、第 263 页图：M/Egmont Strigl（埃格蒙特·斯特里格尔）、第 263 页图：Look/Karl Johaentges（卡尔·约翰格斯）、第 263 页图：G/Ran Zisovitch（兰·齐索维奇）、第 263 页图：G/Tuul and Bruno Morandi（图尔和布鲁诺·莫兰迪）、第 263 页图：G/Urs Flueeler（乌斯·弗ুেইлер）、第 263 页图：G/Tuul and Bruno Morandi（图尔和布鲁诺·莫兰迪）、第 264—265 页图：M/Alamy（阿拉米图片社）、第 265 页图：M/Keren Su（苏克任）、第 265 页图：M/Oliver Förstner（奥利弗·弗斯特纳）、第 265 页图：M/Alamy（阿拉米图片社）、第 265 页图：M/Egmont Strigl（埃格蒙特·斯特里格尔）、第 266—267 页图：G/Didier Marti（迪迪埃·马蒂）、第 266—267 页图：G/Tan Yilmaz（丹·伊尔马兹）、第 267 页图：G/Jean-Philippe Tournut（让-菲利普·图努特）、第 267 页图：G/Jean-Philippe Tournut（让-菲利普·图努特）、第 267 页图：G/Didier Marti（迪迪埃·马蒂）、第 268—269 页图：Look/David Köster（大卫·克斯特）、第 270—271 页图：M/Jose Fuste Raga（何塞·福斯特·拉加）、第 271 页图：G/Mariusz Kluzniak（马里乌兹·克鲁兹尼亚克）、第 272 页图：M/Alamy（阿拉米图片社）、第 272 页图：G/Cescassawin（切萨维）、第 273 页图：M/Patrizia Wyss（帕特里齐亚·怀斯）、第 273 页图：C/Marc Dozier（马克·多泽尔）、第 274—275 页图：M/Alamy（阿拉米图片社）、第 275 页图：M/Alamy（阿拉米图片社）、第 275 页图：M/Alamy（阿拉米图片社）、第 276—277 页图：M/John Warburton-Lee（约翰·沃伯顿-李）、第 277 页图：G/Jane Sweeney（简·斯威尼）、第 277 页图：M/John Warburton-Lee（约翰·沃伯顿-李）、第 278 页图：M/（阿拉米图片社）、第 278 页图：M/Neil Bowman（尼尔·鲍曼）、第 278—279 页图：Look/David Köster（大卫·克斯特）、第 279 页图：Look/David Köster（大卫·克斯特）、第 279 页图：G/Fabrizio Moglia（法布里齐奥·莫格利亚）、第 279 页图：M/Neil Bowman（尼尔·鲍曼）、第 280—281 页图：M/Maxim Petrichuk（马克西姆·佩特里丘克）、第 281 页图：Look/David Köster（大卫·克斯特）、第 282—283 页图：G/Mariusz Kluzniak（马里乌兹·克鲁兹尼亚克）、第 283 页图：G/Mariusz Kluzniak（马里乌兹·克鲁兹尼亚克）、第 284 页图：G/Feng Wei（冯巍，音）、第 284 页图：G/Feng Wei（冯巍，音）、第 284—285 页图：G/Qiang Fu（傅强，音）、第 284—285 页图：G/Feng Wei（冯巍，音）、第 286—287 页图：G/Huang Xin（黄新，音）、第 287 页图：G/Martin Moos（马丁·穆斯）、第 288—289 页图：M/Olaf Schubert（欧拉夫·舒伯特）、第 290—291 页图：Look/age（看/年龄图片库）、第 291 页图：Look/age（看/年龄图片库）、第 291 页图：G/Ratnakorn Piyasirisorost（拉特纳科恩·皮亚西里索罗斯特）、第 291 页图：Look/age（看/年龄图片库）、第 292 页图：G/Ratnakorn Piyasirisorost（拉特纳科恩·皮亚西里索罗斯特）、第 292 页图：G/Keren Su（苏克任）、第 292 页图：Look/age（看/年龄图片库）、第 292 页图：Look/age（看/年龄图片库）、第 293 页图：Look/age（看/年龄图片库）、第 293 页图：G/Feng Wei Photography（冯巍，音）、第 293 页图：G/Jung-Pang Wu（吴荣邦，音）、第 294—295 页图：G/Sino Images（中国图像）、第 295 页图：G/Sino Images（中国图像）、第 296—297 页图：G/Feng Wei Photography（冯巍，音）、第 297 页图：M/Juan Silva（胡安·席尔瓦）、第 298—299 页图：G/Feng Wei（冯巍，音）、第 299 页图：C/F. Lukasseck（F. 卢卡塞克）、第 300—301 页图：M/Alamy（阿拉米图片社）、第 301 页图：M/David South（大卫·南方）、第 301 页图：M/Alamy（阿拉米图片社）、第 302—303 页图：M/United Archives（联合档案馆）、第 303 页图：M/Jeff Tzu-chao Lin（杰夫·子超·林，音）、第 304 页图：G/Zhouyousifang（周游四方）、第 304—305 页图：G/Simonsun（孙晓岭）、第 305 页图：G/Best View Stock（优图佳视影像）、第 306—307 页图：G/View Stock（美好景象）、第 308—309 页图：G/Sino Images（中国图像）、第 308—309 页图：G/Liu Lei（刘磊，音）、第 309 页图：M/Olaf Schubert（欧拉夫·舒伯特）、第 310—311 页图：G/Feng Wei（冯巍，音）、第 311 页图：G/George Steinmetz（乔治·斯坦迈茨）、第 312—313 页图：G/Christian Kober（克里斯蒂安·科伯）、第 313 页图：G/Sura Ark（苏拉·阿尔克）、第 314 页图：Look/age（看/年龄图片库）、第 314—315 页图：M/Jeff Tzu-chao Lin（杰夫·子超·林，音）、第 315 页图：M/Tibor Bognar（提博尔·博格纳）、第 315 页图：Look/age（看/年龄图片库）、第 316—317 页图：G/Blue Jean Images（蓝牛仔影像）、第 317 页图：G/Best View Stock（优图佳视影像）、第 318 页图：M/Henry Westheim（亨利·韦斯特海姆）、第 318 页图：M/Henry Westheim（亨利·韦斯特海姆）、第 318—319 页图：M/Alamy（阿拉米图片社）、第 319 页图：M/Henry Westheim（亨利·韦斯特海姆）、第 319 页图：M/Henry Westheim（亨利·韦斯特海姆）、第 319 页图：Look/age（看/年龄图片库）、第 320 页图：M/Alamy（阿拉米图片社）、第 320—321 页图：M/Alamy（阿拉米图片社）、第 321 页图：C/George Steinmetz（乔治·斯坦迈茨）、第 322—323 页图：Look/age（看/年龄图片库）、第 323 页图：G/Keren Su（苏克任）、第 323 页图：G/Best View Stock（优图佳视影像）、第 324—325 页图：G/Pete Oxford（皮特·奥克斯弗德）、第 325 页图：C/Colin Monteath（科林·蒙提斯）、第 325 页图：M/Minden Pictures（明登图片）、第 326—327 页图：/Qianli Zhang（张千里，音）、第 327 页图：G/View Stock（美好景象）、第 328 页图：C/Wang Miao（王苗，音）、第 328 页图：C/Keren Su（苏克任）、第 328 页图：C/Steven Vidler（史蒂文·维德勒）、第 328—329 页图：C/Wang Miao（王苗，音）、第 329 页图：C/Wang Miao（王苗，音）、第 329 页图：C/Jing aiping（荆爱萍，音）、第 330—331 页图：G/Zhang Peng（张鹏，音）、第 332—333 页图：G/Ivan Vdovin（伊万·维多文）、第 333 页图：M/Eric Lafforgue（埃里克·拉弗格）、第 333 页图：M/Eric Lafforgue（埃里克·拉弗格）、第 334—335 页图：G/View Stock（美好景象）、第 335 页图：G/Best View Stock（优图佳视影像）、第 336—337 页图：M/Tuul and Bruno Morandi（图尔和布鲁诺·莫兰迪）、第 337 页图：G/Chakarin Wattanamongkol（查卡林·瓦塔纳蒙科尔）、第 338—339 页图：C/Xin ran（辛然，音）、第 339 页图：C/Xin ran（辛然，音）、第 339 页图：C/Xin ran（辛然，音）、第 339 页图：C/Xin ran（辛然，音）、第 339 页图：C/Xin ran（辛然，音）、第 340—343 页图：G/Haibo Bi（毕海波，音）、第 344—345 页图：G/Dowell（道尔）、第 345 页图：G/Blue Jean Images（蓝牛仔影像）、第 345 页图：G/Sino Images（中国图像）、第 346 页图：C/Christophe Boisvieux（克里斯托夫·博伊斯维厄）、第 346 页图：C/Christophe Boisvieux（克里斯托夫·博伊斯维厄）、第 346—347 页图：C/Christophe Boisvieux（克里斯托夫·博伊斯维厄）、第 347 页图：G/Tim Makins（蒂姆·马金斯）、第 347 页图：G/Tim Makins（蒂姆·马金斯）、第 347 页图：C/Christophe Boisvieux（克里斯托夫·博伊斯维厄）、第 347 页图：C/Christophe Boisvieux（克里斯托夫·博伊斯维厄）、第 348—349 页图：G/IMAGEMORE Co, Ltd.（富尔特影像）、第 348—349 页图：G/Sura Ark（苏拉·阿尔克）、第 349 页图：M/Velar Grant（韦拉尔·格兰特）、第 349 页图：G/View Stock（美好景象）、第 350—351 页图：C/Keren Su（苏克任）、第 351 页图：C/Keren Su（苏克任）、第 351 页图：C/Keren Su（苏克任）、第 352—353 页图：C/Gavin Hellier（加文·海利尔）、第 353 页图：G/Steve Allen（史提夫·艾伦）、第 354—355 页图：G/Sino Images（中国图像）、第 355 页图：G/Eastphoto（河图创意图片社）、第 356—357 页图：C/Christian Kober（克里斯蒂安·科伯）、第 357 页图：C/Danny Lehman（丹尼·雷曼）、第 357 页图：G/Paul Souders（保罗·桑德斯）、第 357 页图：C/Christian Kober（克里斯蒂安·科伯）、第 358—359 页图：C/Timothy Allen（提摩西·亚伦）、第 359 页图：C/Sandro Santioli（桑德罗·桑蒂奥利）、第 359 页图：M/Alamy（阿拉米图片社）、第 359 页图：C/Sandro Santioli（桑德罗·桑蒂奥利）、第 359 页图：C/Keren Su（苏克任）、第 360—361 页图：G/Yuxuan Hou（侯宇轩，音）。